张雪梅◎著

北京高质量发展研究

BEIJING GAOZHILIANG FAZHAN YANJIU

中国财经出版传媒集团

经济科学出版社
Economic Science Press

图书在版编目（CIP）数据

北京高质量发展研究／张雪梅著．-- 北京：经济
科学出版社，2023.6
ISBN 978 - 7 - 5218 - 4883 - 0

Ⅰ.①北… Ⅱ.①张… Ⅲ.①城市发展 - 研究 - 北京
Ⅳ.①F299.271

中国国家版本馆 CIP 数据核字（2023）第 117529 号

责任编辑：杜　鹏　武献杰　常家凤
责任校对：李　建
责任印制：邱　天

北京高质量发展研究

张雪梅　著

经济科学出版社出版、发行　新华书店经销
社址：北京市海淀区阜成路甲 28 号　邮编：100142
编辑部电话：010 - 88191441　发行部电话：010 - 88191522
网址：www. esp. com. cn
电子邮箱：esp_bj@ 163. com
天猫网店：经济科学出版社旗舰店
网址：http：//jjkxcbs. tmall. com
固安华明印业有限公司印装
710×1000　16 开　8.75 印张　130000 字
2023 年 6 月第 1 版　2023 年 6 月第 1 次印刷
ISBN 978 - 7 - 5218 - 4883 - 0　定价：59.00 元
（图书出现印装问题，本社负责调换。电话：010 - 88191545）
（版权所有　侵权必究　打击盗版　举报热线：010 - 88191661
QQ：2242791300　营销中心电话：010 - 88191537
电子邮箱：dbts@esp. com. cn）

前　言

党的二十大报告强调"高质量发展是全面建设社会主义现代化国家的首要任务"。发展是党执政兴国的第一要务。没有坚实的物质技术基础，就不可能全面建成社会主义现代化强国。在这样的时代背景下，研究和促进北京高质量发展具有重要意义。

本书在梳理、理解相关经济理论和政府相关政策文件、高质量发展研究成果、国内外主要城市发展资料的基础上，首先明确了北京的战略定位和高质量发展的重要意义；其次，构建了北京高质量发展的评价指标体系，从经济、环境和社会三个维度设计了三级指标体系，共分 3 大类、11 小类、39个指标；再次，根据 2015～2019 年的相关统计数据，对北京高质量发展进行评价和分析，指出北京高质量发展中取得的成绩和存在的薄弱环节，从经济、环境和社会三个维度提出了北京进一步高质量发展的建议；最后，笔者总结了主要城市伦敦、新加坡、香港和广州的高质量发展经验及对北京的启示。

由于笔者水平有限，书中难免有疏漏甚至错误之处，敬请读者批评指正。

张雪梅

2023 年 4 月

目　录

第一章

绪　　论

习近平总书记强调："以人民为中心的发展思想，不是一个抽象的、玄奥的概念，不能只停留在口头上、止步于思想环节，而要体现在经济社会发展各个环节。"① 党的二十大擘画了全面建成社会主义现代化强国的宏伟蓝图和实践路径，就未来 5 年党和国家事业发展制定了大政方针、作出了全面战略部署。党的二十大报告指出，高质量发展是全面建设社会主义现代化国家的首要任务。

改革开放以来，我国一直将发展作为解决一切问题的基础和关键，进入新时代，社会主要矛盾已经转化为人民日益增长的美好生活需要和不平衡不充分的发展之间的矛盾，发展中的矛盾和问题更多体现在发展质量上。党的二十大报告把发展质量摆在更突出的位置，经济、社会、文化、生态等各方面都要体现高质量发展的要求。

因此，北京在进入新发展阶段后，对新发展理念的理解更要不断深化，必将加强高质量发展研究，使各项举措更加精准务实，真正实现高质量发展。

---

① 李义平．着力践行以人民为中心的发展思想［N］．人民日报，2022－02－08.

第一节　研究背景与意义

一、研究背景

党的二十大报告指出了推动高质量发展重要的五个着力点：构建高水平社会主义市场经济体制；建设现代化产业体系；全面推进乡村振兴；促进区域协调发展；推进高水平对外开放。这五个方面是未来高质量发展的重心，为高质量发展指明了方向，再加上报告提出的推动绿色发展等，都将成为奠定中国式现代化的坚实基础。

北京是我国首都，发展标准就是首善。因此北京有责任也有条件在新征程上一马当先，率先基本实现社会主义现代化。北京要"五子"联动推进，即国际科技创新中心建设、"两区"建设、全球数字经济标杆城市建设、以供给侧结构性改革创造新需求、以疏解北京非首都功能为"牛鼻子"推动京津冀协同发展，形成叠加效应，持续提升高质量发展水平。

国际咨询公司科尔尼发布 2022 年全球城市指数报告，其中包括全球城市综合排名和全球城市潜力排名。在排名表上，纽约和伦敦分别蝉联榜单冠、亚军，巴黎和东京分别位列第三和第四。值得注意的是，北京排名上升一位，重新进入前五。这是北京社会稳定性、人力资本投入和创新创业水平提高的共同作用。

党的二十大报告指出，要加快转变超大特大城市发展方式。在转变发展方式上，北京在坚持人口和建设规模双控的同时使经济增长方式向创新驱动转变，北京未来的竞争力向上空间仍然乐观。

目前的一些研究也指出，由于城乡发展差异、企业发展差距和关键技术不强等原因，北京单个链条各环节协同优势不大，链条之间的交互作用不强，进而抑制了创新链、产业链、供应链的协同，发展的效率还需要进一步提升等。另外，北京在发展中的"大城市病"问题也一定程度上存在着，中心区拥挤、交通拥堵、环境污染、教育医疗资源紧张等还需要进一步改善。

推动北京高质量发展不仅需要有明确的发展思路与有力的战略举措，更需要有科学合理的评价指标体系，这样才能全面把握北京高质量发展的现状及趋势。我们需要对北京的高质量发展进行评价，找出存在的薄弱环节并进一步提出改善的政策措施，构建北京高质量发展的促进机制，避免"中等收入陷阱"。因此，开展北京高质量发展研究具有重要的理论意义和现实意义。

二、研究意义

（一）理论意义

在新时代下，基于遵循经济规律的科学发展、遵循自然规律的可持续发展、遵循社会规律的包容性发展，构建北京高质量发展的评价指标体系，创新性融入社会包容性理念，建立经济、环境和社会为基本维度的评价指标体系。

（二）实践意义

在新时代下，提高经济发展质量是北京相当长时期经济发展的主要任务。适应新时代，努力克服经济下行压力，实现北京经济运行总体平稳、稳中有进、稳中向好，是提高北京经济发展质量的外在表现；统筹做好稳增长、促改革、调结构、惠民生、防风险工作，是提高北京发展质量的内在动力；坚持"以人民为中心的发展思想"，是提高北京经济发展质量的抓手；贯彻落实创新、协调、绿色、开放、共享的新发展理念，是提高北京经济发展质量的旨归。笔者深刻理解和把握北京经济发展新时代的特征，构建新时代下北京高质量发展评价指标体系，科学研究新时代下北京经济发展各关键维度，找出新时代下北京经济发展存在的短板，提出新时代下北京高质量发展的政策建议。本书的研究成果，能够为政策制定部门提供数据支持，对于新时期实现北京人口、资源、环境与经济协调发展具有重要的实践意义，能够使人们重新审视发展理念，指导经济建设。高质量发展是生产要素投入少、资源配置效率高、资源环境成本低、经济社会效益好的发展。北京的高质量发展具有减量发展的重要特征，要由聚集资源求增长向疏解功能谋发展转变，为创新发展、高质量发展腾出空间。北京的高质量发展需要更好地落实首都城市战略定位，以满足人民日益增长的美好生活需要。

第二节　研究内容、研究方法与创新

一、研究内容

本书主要研究北京高质量发展现状，构建北京高质量发展评价体系，帮助北京高质量发展进一步完善和提高。

（一）文献研究

1. 整理并研究北京市高质量发展的相关政策、法规和各种措施以及高质量发展相关文献。

2. 分析北京高质量发展的现状，深入探讨北京高质量发展的内涵及外延，为构建高质量发展评价指标体系提供理论支撑。

3. 国内外大城市高质量发展的比较研究。进行国际和国内的比较研究，对比东京、纽约、伦敦、巴黎等国际大都市和国内城市上海，总结国际和国内主要城市高质量发展特点和经验，为北京的高质量发展提供借鉴。

（二）构建北京高质量发展评价指标体系

本书希望通过研究构建科学完善的北京高质量发展评价指标体系，通过指标体系的建立和考核机制的建立，确保北京实现高质量发展的目标，并希望借此加快推动北京高质量发展的政策体系、标准体系、统计体系的形成。

指标体系设置时指标筛选的原则遵循重点突出原则、科学性原则和一致性原则。即主要评价要素的筛选必须紧紧围绕着评价目的展开，使最后的评价结论能够反映出我们的评价意图。在具体的指标设置过程中笔者咨询了专家意见，最终确定北京高质量发展评价指标体系。

在设计评价指标体系时主要遵循了全面性原则，定性与定量相结合原则，具有适应性原则，层次性、逻辑性原则，主要影响原则和与国际接轨原则。为了设计适合我国国情的评价指标体系，笔者借鉴了已有研究成果，遵循实践中的一般规律，结合北京高质量发展现状况，同时还考虑了外部环境和内部环境对指标体系设计的影响。在构建评价指标体系时运用了综合法、分析法和指标属性分组法等多种方法，特别是详细分析了现有的文献研究成果，借鉴国外的研究成果，同时结合专家访谈结果最终构建。

（三）利用统计数据和构建的评价指标体系对北京高质量发展进行分析研究

利用公开发布的统计数据进行对比分析，从经济、环境和社会三个维度分析北京高质量发展的现状和未来趋势。对北京城六区之间进行横向对比，深入分析北京各区高质量发展的现状和未来趋势。

（四）根据分析结果找出目前北京高质量发展过程中存在的主要问题，探讨优化北京高质量发展机制的建议

根据分析评价结果找出目前北京高质量发展过程中存在的主要问题。分析时注意具体问题具体分析，同时提出改进建议。

二、研究方法

本书主要采用了定性研究和定量研究相结合的方法。

（一）文献研究法

收集国内外有关可持续发展、资源环境承载力、高质量发展和北京市各种相关政策、法规及监管措施的理论、实证研究文献、二手资料等，并对文

献资料进行客观正确的述评以找到研究的切入点，为整个研究奠定坚实的文献基础和理论基础。

（二）专家访谈法

拟在政府机关、研究机构、企事业单位选择专业人士进行深度访谈。访谈内容包括高质量发展的现状、高质量发展评价指标的设定、指标之间相对重要性的评价及政策建议等。

（三）统计分析法

统计分析是经济研究的必要工具，本研究力求充分利用国家公开发布的统计数据，利用统计学方法对数据进行加工处理计算，从而形成对相关数据指标的科学研判。

（四）比较分析法

与国外城市发展相比，分析北京作为首都高质量发展存在哪些优势和不足，国外有哪些有益的经验和教训值得我们借鉴。

三、创新点

构建北京高质量发展评价指标体系是开拓性的工作，本书将在前人研究的基础上，创新观念和思路，提出符合我国国情和北京特色的发展机制，构建更加完善和科学的评价指标体系。同时，本书基于统计数据分析找出目前北京高质量发展需要进一步完善的环节，提出完善北京高质量发展的政策建议，具有一定的创建性。

第三节 文献综述

党的十九大报告首次提出"高质量发展"这一表述，党的二十大报告中又强调指出要加快构建新发展格局，着力推动高质量发展。众多学者也围绕高质量发展这一主题开展了大量研究。概括起来，这些研究主要分为两个方面：一是从不同视角对高质量发展的基本内涵进行解读研究；二是关于高质量发展评价指标体系的构建研究。

一、高质量发展的基本内涵文献综述

国外学者对于经济高质量发展基本内涵的研究，聚焦于从社会层面以及可持续发展的视角出发，对经济增长的内涵作出解释。第一，从社会福利层面揭示内涵。托马斯等（Thomas et al.，2001）在《增长的质量》一书中，从人力资本、自然资本、抵御金融风险、改善治理等方面定义了经济增长质量。托马斯指出以往政策偏向于物质资本积累，而对人力和自然资本的投入也应该被涵括在高质量增长的内涵中。他指出如果物质资本、人力资本、自然资本达到平衡，则有助于增长社会福利。第二，从可持续发展视角出发，把减贫作为经济增长质量的重要内涵之一。在《撒哈拉以南非洲地区高质量发展研究》（Martinez and Mlachila，2013）一文中，以发展中国家为研究对象，认为高质量增长是"高增长、可持续、社会友好型的增长"，并将高质量增长定义为稳定、强有力、可持续的增长。作者指出，尽管发展中国家在宏观经济上保持高速增长，但能做到显著减少贫困的却很少。

国内学者从不同视角就高质量发展的基本内涵给出了各自的观点。李伟（2018）在《高质量发展有六大内涵》一文中，指出高质量发展有六大内涵，包括高质量的供给、需求、配置、投入产出、收入分配和经济循环。赵剑波、史丹、邓洲（2019）在《高质量发展的内涵研究》一文中，从系统平衡观、经济发展观、民生指向观三个视角理解高质量发展的内涵。学者认为高质量发展一定是充分、均衡的发展，是包含发展方式、发展结果、民生共享等多个维度的增长和提升。王永昌和尹江燕（2019）在《论经济高质量发展的基本内涵及趋向》一文中，从宏观经济层面出发，提出高质量发展是一种可持续发展，是投入较少的生产要素，以较低的资源环境成本实现较优的经济社会效益。

有些学者从新时代社会主要矛盾及新发展理念对内涵进行解读。刘志彪（2018）在《理解高质量发展：基本特征、支撑要素与当前重点问题》一文中，分析到"高质量发展的水平对应于人民日益增长的对美好生活需要的满足程度。"张涛（2020）在《高质量发展的理论阐释及测度方法研究》一文中，利用文献研究法和模型分析法研究发现："高质量发展是能够满足人民日益增长的美好生活需要的发展，其理论内涵会随着生产力水平和经济社会发展水平的提升而不断丰富"。任保平（2018）在《中国经济高质量发展研究》一文中，提出高质量发展体现了新发展理念，其中，创新、协调、绿色、共享发展分别对应解决的是高质量发展中的动力、不均衡、人与自然如何和谐相处，以及如何实现社会利益的公平正义问题。任晓（2018）在《高质量发展的内涵与路径》一文中，也指出高质量发展是能体现创新、协调、绿色、开放、共享的新发展理念，是能满足人民日益增长的美好生活需要，也是从规模上"量"到结构上"质"的发展。

有些学者则从经济发展的核心动力，即产业结构升级、生产效益提高层面来理解高质量发展。王一鸣（2018）和胡敏（2018）在宏、中、微观三个层次上定义了高质量发展。宏观上，高质量发展指国民经济整体的高质量和高效率，通常指生产要素的使用效率；中观上，高质量发展指产业和区域发展的高质量；微观上，高质量发展指产品和服务的高质量。杨三省（2018）在《推动高质量发展的内涵和路径》一文中，认为高质量发展的内涵是要素投入少、资源配置效率高、资源环境成本低、经济社会效益好的发展。

综上所述，根据对现有文献的梳理总结，我们发现学界对高质量发展的基本内涵已有一些深入研究，学者们从不同的视角或层面对内涵进行综合性解释。高质量发展的内涵不仅包含生产、经济效益的提高，更多的是体现五大新发展理念。短期来看，高质量发展要求产品和服务体系供给高质量，以此来满足人民日益增长的美好生活需要。长期来看，高质量发展要求抓住技术变革这一机遇，随着经济发展阶段的变化变革经济结构。所以高质量发展是体现新发展理念（创新、协调、绿色、开放、共享）的发展，也是反映经济、环境和社会"三位一体"的"质量+效益"型的发展。

二、高质量发展评价指标体系的文献综述

国外虽没有经济高质量发展这一说法，但较早对经济发展质量评价指标展开研究，此外也形成了一些和高质量评价指标相关的理论研究成果，对中国高质量评价指标体系的构建具有一定的指导意义。

一是关于经济发展质量的评价指标。1995 年，世界银行从自然、人力、人造和社会资本构建了指标体系。2002 年，联合国开发计划署在《人类发展报告》中建设性地提出了"人类发展指数"，指出要从居民生活水平衡量经济发展水平。

二是关于高质量评价指标的理论研究成果。主要有美国的新经济指数（new economy index，NEI）、联合国的社会进步指数（social progress index，SPI）、德国的新福利指数（national welfare index，NWI）、荷兰的绿色增长指数、欧盟的可持续发展综合指数（sustainable development indicators，SDIs）等，分别从新经济发展、福利增长、绿色发展、可持续发展等维度对经济的发展等维度给予评价。这些方面也正是我国新发展理念中"创新发展和绿色发展"所关注的维度，对我们构建高质量评价指标体系具有一定的参考价值。

国内有关高质量发展评价指标体系的研究目前处于探索阶段，学界主要从两方面出发进行指标体系的构建。

一是以新发展理念为理论基础，构建高质量发展评价指标体系。金碚（2018）在《关于"高质量发展"的经济学研究》一文中，表明高质量发展具有多维性、复杂性和创新性。现有评价指标大多反映速度和量以及发展水平和经济建设，少有能体现人民群众的感官以及其他领域建设的。现阶段的研究还是以考察传统发展模式为主，而体现新发展模式的指标较为缺乏。刘振兴（2018）在《天津商贸经济质量效益研究》一文中，以新发展理念为理论基础，从效益、创新、协调、开放、结构优化发展五个维度构建了评价

指标体系，对天津经济质量效益发展进行了评价和分析。李金昌、史龙梅、徐蔼婷（2019）在《高质量发展评价指标体系探讨》一文中，在准确理解高质量发展内涵的基础上，从"人民美好生活需要"和"不平衡不充分发展"的社会主要矛盾着手，构建了由经济活力、创新效率、绿色发展、人民生活、社会和谐5个部分共27项指标构成的高质量发展评价指标体系。黄顺春、曲景森、陈洪飞（2022）在《经济高质量发展失衡测度与类型划分》一文中，以创新、协调、绿色、开放、共享五大发展理念为指导，从绿色生态、社会人文、企业发展、经济效率、开放创新、民生共享高质量6个维度，构建了市域经济高质量发展评价指标体系，并通过评价体系，运用变异系数－主成分复合模型对我国市域经济高质量发展综合指数和各维度指数进行测度，最终分类定义了综合指数前100强市域的失衡情况。

二是以经济和社会效益提升为主要评价指标，构建高质量发展评价指标体系。程虹（2018）在《如何衡量高质量发展》一文中，提出应从三方面对高质量发展进行衡量。首先是提高劳动生产率，实现低投入高产出；其次是探究经济发展的驱动力是靠投资还是创新；最后是衡量经济效益与社会效益的均衡度，采用的指标有社会保障水平、人均寿命、城镇登记失业率等。徐瑞慧（2018）在《高质量发展指标及其影响因素》一文中，借鉴货币基金组织对增长质量指数的研究，综合性地从经济增长、环境保护、社会发展等方面出发，构建了一组适用于中国经济发展的质量指标体系。李晓钟（2022）在《我国制造业高质量发展评价与区域差异比较研究》一文中，提出推动制造业高质量发展，应当具有要素效率改进、产业结构化升级、质量效益提升、社会效益提升等特征，并依托制造业高质量发展的内涵，从产业基础、创新能力、数字化能力、产业结构、对外开放、绿色发展、质量竞争力和社会效益8个维度选取具有代表性的指标，最终构建出制造业高质量发展评价指标体系。

综上所述，由于高质量发展具有动态性和综合性，它不仅是经济效益的提高，还包括社会、文化、政治、环境等多方位效益的提高。因此，在构建高质量发展评价指标体系的过程中，我们不仅需要反映经济结构的优化、效益的提高和发展的质量，更需注重考查社会福利、文化氛围、政治制度和生态建设等方面的发展。此外，经济发展质量具有复杂性和综合性，同时包含了客观发展情况和主观发展态度。指标体系中主观因素过多，一定程度上会影响到结果的准确性，所以构建指标体系时要合理使用主观性指标。通过对上述指标的对比分析，我们认为从经济、环境和社会多维度来构建高质量发展评价指标体系更加具有综合性，也更适合对北京高质量发展进行综合评价和统计指标分析。

第二章

北京高质量发展评价指标体系构建

第一节　指标体系构建的目标与原则

我国经济已由高速增长阶段转向高质量发展阶段，正处于转变发展方式、优化经济结构、转换增长动力的攻关期。通过构建一套科学的评价指标体系来了解北京高质量发展的现状、存在问题及未来改进途径具有重要意义。我们构建高质量发展评价指标体系旨在达到三个目标：第一，能够反映北京高质量发展的基本面；第二，能够对短期变化的项目实施动态监测；第三，能够评价北京高质量发展的现状并对北京经济由高速增长阶段转向高质量发展阶段各种现有政策的实施和未来政策的制定提供有益的建议。

指标体系构建原则如下：

系统性原则。各指标之间要有一定的逻辑关系，它们不但要从不同的侧面反映出经济、自然和社会各维度之间的主要特征和状态，而且还能表现出各个侧面之间的内在联系。

典型性原则。务必确保评价指标具有一定的典型代表性，尽可能准确反映出北京高质量发展在自然、经济、社会变化各维度的综合特征，尽可能选取具有典型意义的指标。

动态性原则。北京高质量发展的成果需要通过一定时间尺度的指标才能反映出来。

简明科学性原则。各指标体系的设计及评价指标的选择必须以科学性为原则，能客观真实地反映北京高质量发展的特点和状况，能客观全面反映出各指标之间的真实关系。

可比、可操作、可量化原则。指标选择上，特别注意在总体范围内的一致性，指标体系的构建是为北京政策制定和科学管理服务的，指标选取的计算量度和计算方法必须一致统一，各指标尽量简单明了、微观性强、便于收集。

综合性原则。经济、自然和社会各维度的综合"多赢"是北京城市建设的最终目标，也是综合评价的重点。

第二节　指标体系构建过程

一、构建总体框架

依据建立指标体系的目标和原则，首先对研究对象进行"系统划分"，构建指标体系的结构框架，其次选择评价指标。

二、评价指标的理论预选

围绕总体框架，按照指标初选方法进行资料、数据的收集、整理和分类，建立一个预选指标集。

三、评价指标的专家初选

初步建立的指标体系是一个理想化的系统，但在实际操作中可能会遇到数据无法检测、数据有缺失值、有相近指标替代等情况，将预选的指标发放给多位专家，请专家根据本人的知识经验对预选指标集进行评分，通过计算比较，从中选出重要的、评价较高的指标。

四、确定最终指标体系

经过专家筛选后，还需要根据指标间的相互关系进行归类，确定相互间的结构关系，从而建立最终的北京高质量发展评价指标体系。整个指标体系构建过程见图2－1。

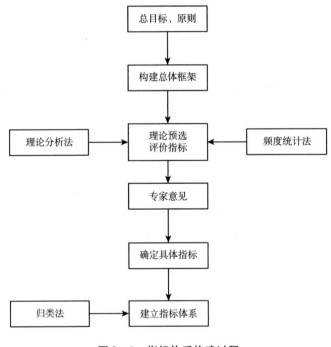

图2－1 指标体系构建过程

第三节 高质量发展评价指标体系的框架结构

笔者根据构建指标体系的原则，构建了有关键维度层、项目和子项目层、具体测度指标层三个纵向层次的框架结构，如图 2 - 2 所示。关键维度层是评价体系的最高层，用来反映总体发展评价类别。项目和子项目层是类别层的细化，分别从中观上反映某一类别的发展程度，是一种结构反映。具体测度指标层是综合指标体系的最底层，最细微地表现发展的变化。

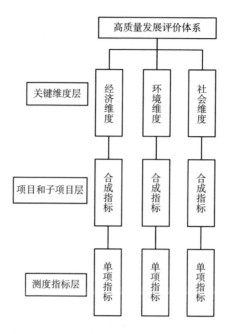

图 2 - 2　北京高质量发展评价体系框架

第四节　北京高质量发展评价指标体系的构建

根据前面文献研究中对高质量发展的分析，笔者构建了北京高质量发展评价指标体系。这一体系对各项发展评价指标作了大类、亚类以及每一类别下评价因子的细分，构建了北京高质量发展三级指标体系，共分 3 大类 11 小类 39 个指标。我们将按照此指标体系，对北京高质量发展的情况进行分类综合评价。表 2 - 1 总结并列示了北京高质量发展评价指标体系的构成。

表 2-1　　　　　　　　北京高质量发展评价指标体系

关键维度	项目	子项目	测度指标
经济维度	经济增长质量	经济效益与效率	经济增长率波动系数、人均地区生产总值（GDP）、投资效果系数、全社会劳动生产率
		产业结构状态	三次产业的构成、第三产业增加值
		经济增长福利性	居民消费水平指数、恩格尔系数、城乡居民人均消费支出、城市居民人均可支配收入
		经济增长创新性	高新技术企业数量、研究与试验发展（R&D）经费内部支出占 GDP 比重（%）、研究与试验发展（R&D）人员投入、万人发明专利拥有量（件）、高新技术企业增加值占比（%）、技术合同成交额
		经济增长国际性	大型国际会议次数（次）、国际展览个数（个）、入境旅游人数（万人次）
环境维度	资源与环境	环境资源	森林覆盖率（%）、人均绿地面积（平方米/人）
		资源利用效率	单位 GDP 能耗（吨标准煤/万元）、单位 GDP 水耗（立方米/万元）
	环境治理	国家主体	节能环保支出占一般公共预算支出比例（%）、PM2.5 年均浓度（年日均值）（微克/立方米）
		企业主体	污水处理率（立方米/万元）、单位 GDP 废水排放量（立方米/万元）
社会维度	人口状况及公共服务	人口规模与受教育程度	常住人口规模（万人）
			65 岁及以上常住人口数量及占比
			受过高等教育人数占比
			平均受教育程度
		公共服务	人均教育支出
			教育经费占 GDP 比重
			人均医疗卫生支出
			人均公共文化服务设施建筑面积（平方米）

　　经济维度主要研究经济增长质量，深入分析北京经济增长过程中的关键要素，包含经济效益与效率、产业结构状态、经济增长福利性、经济增长创新性和经济增长国际性五个子项目。

　　环境维度主要研究资源与环境、环境治理两个项目。其中，资源与环境项目会深入分析北京高质量发展过程中资源与环境的保障程度和利用效率，包括环境资源和资源利用效率两个子项目。环境治理项目会深入分析北京经济发展过程中对环境的保护程度，包括国家主体和企业主体两个子项目。

社会维度主要研究人口规模控制和基本公共服务，主要分析北京的民生供给情况，包含人口规模与受教育程度和公共服务两个子项目。

新时代对于高质量发展的要求，不仅经济增长质量要提高，环境保护和民生保障同样不可或缺。因此，笔者选取经济、环境和社会作为北京高质量发展评价指标体系的关键维度进行研究。

第三章

北京高质量发展之经济维度

第一节　经济效益与效率分析

一、经济增长波动系数

经济增长的稳定性是指国民经济运行的平稳状况。经济增长稳定性的要义不在于经济增长率保持一个恒定的数值不变，而在于保持在潜在增长能力附近合理区间内的上下波动。持续、稳定的经济波动有利于各项经济发展目标的实现。过度的经济波动不仅破坏经济增长的稳定机制，造成社会资源浪费，还会加大观经济运行的潜在风险，出现通货膨胀、高失业率等社会问题。因此，稳定性是经济高质量发展的重要保证。经济增长稳定性可以用经济增长率波动系数来衡量：经济增长率波动系数 =（当期经济增长率—上期经济增长率）÷上期经济增长率。根据国际经验，经济增长率增速在 −30%～30%，经济增长稳定性好；在 −50%～−30% 及 30%～50%，经济增长稳定性差；大于50%或小于 −50%，经济增长稳定性极差。从表 3 − 1 可知，2015～2019 年北京市经济增长波动率系数除 2019 年超过 ±30% 外（除房山区和通州区外，均在 50% 以内），其余年份都控制在 ±30% 的范围之内，表明整体经济增长波动较平稳。但是值得注意的是，2019 年北京市经济增长波动系数为负数，说明经济增长率降低，经济增长呈现明显放缓的趋势，从另一个层面印证了北京市经济增长不再单纯追求速度，开始更加注重高质量发展。2015～2019年，北京市所有城区（含郊区）的当期增长率均超5%，最高达15.78%，说明北京所有城区经济增长显著，且基本"同步"发展。各城区2019年增长率下降幅度较大，主要跟国家调整政策相关，不再单纯追求经济发展速度，而是追求提高发展效率，克服"大城市"病，更加注重发展质量。

表3-1　　　　　　　　　　经济增长率波动系数表

地区	指标	2015年	2016年	2017年	2018年	2019年
北京市	GDP（亿元）	24 779.1	27 041.2	29 883	33 106	35 445.1
	当期增长率（%）	8.08	9.13	10.51	10.79	7.07
	增长率波动系数（%）	-4.64	12.98	15.12	2.63	-34.49
东城区	GDP（亿元）	2 099.2	2 280.1	2 508.3	2 727.1	2 910.4
	当期增长率（%）	9.59	8.62	10.01	8.72	6.72
	增长率波动系数（%）	10.40	-10.14	16.14	-12.84	-22.95
西城区	GDP（亿元）	3 553.2	3 881.8	4 265.7	4 692.3	5 007.3
	当期增长率（%）	10.04	9.25	9.89	10.00	6.71
	增长率波动系数（%）	13.52	-7.89	6.94	1.12	-32.87
朝阳区	GDP（亿元）	5 073	5 516.2	6 079.9	6 668.2	7 116.4
	当期增长率（%）	7.84	8.74	10.22	9.68	6.72
	增长率波动系数（%）	-3.25	11.43	16.97	-5.31	-30.54
丰台区	GDP（亿元）	1 283.7	1 399.1	1 557.9	1 710.9	1 829.6
	当期增长率（%）	8.72	8.99	11.35	9.82	6.94
	增长率波动系数（%）	1.79	3.09	26.26	-13.47	-29.36
石景山区	GDP（亿元）	532.3	592.9	667.3	748.8	808
	当期增长率（%）	10.48	11.38	12.55	12.21	7.91
	增长率波动系数（%）	3.26	8.63	10.22	-2.67	-35.27
海淀区	GDP（亿元）	5 359.7	5 908	6 594.3	7 369.1	7 954.6
	当期增长率（%）	7.88	10.23	11.62	11.75	7.95
	增长率波动系数（%）	-16.73	29.82	13.55	1.15	-32.38

续表

地区	指标	2015 年	2016 年	2017 年	2018 年	2019 年
门头沟区	GDP（亿元）	171	188.4	208.4	232.4	249.3
	当期增长率（%）	10.97	10.18	10.62	11.52	7.27
	增长率波动系数（%）	48.47	-7.24	4.33	8.48	-36.86
房山区	GDP（亿元）	568.4	614.3	681.7	767	811
	当期增长率（%）	8.00	8.08	10.97	12.51	5.74
	增长率波动系数（%）	2.50	0.94	35.87	14.05	-54.15
通州区	GDP（亿元）	689.7	761.4	852.2	986.7	1 059.3
	当期增长率（%）	6.55	10.40	11.93	15.78	7.36
	增长率波动系数（%）	-33.45	58.71	14.71	32.35	-53.38
顺义区	GDP（亿元）	1 471.5	1 600.7	1 715.9	1 876	1 993
	当期增长率（%）	8.33	8.78	7.20	9.33	6.24
	增长率波动系数（%）	6.61	5.40	-18.03	29.65	-33.16
昌平区	GDP（亿元）	755.1	815.4	906.3	997.9	1 082.5
	当期增长率（%）	8.87	7.99	11.15	10.11	8.48
	增长率波动系数（%）	-22.12	-9.97	39.60	-9.34	-16.12
大兴区	GDP（亿元）	614.2	678.7	759.5	846.6	907.6
	当期增长率（%）	8.73	10.50	11.91	11.47	7.21
	增长率波动系数（%）	-4.94	20.29	13.37	-3.67	-37.17
怀柔区	GDP（亿元）	281.3	304.9	336	375	399.9
	当期增长率（%）	9.71	8.39	10.20	11.61	6.64
	增长率波动系数（%）	2.96	-13.60	21.58	13.79	-42.79
平谷区	GDP（亿元）	214.3	233.1	252.5	276.3	293.6
	当期增长率（%）	10.24	8.77	8.32	9.43	6.26
	增长率波动系数（%）	6.14	-14.33	-5.13	13.25	-33.57
密云区	GDP（亿元）	234.9	255	287.8	317.5	341
	当期增长率（%）	8.95	8.56	12.86	10.32	7.40
	增长率波动系数（%）	17.19	-4.39	50.32	-19.77	-28.28
延庆区	GDP（亿元）	127.4	139.5	158.6	179.3	195.3
	当期增长率（%）	10.21	9.50	13.69	13.05	8.92
	增长率波动系数（%）	15.32	-6.98	44.16	-4.67	-31.63

资料来源：根据《北京统计年鉴》2016～2021 年统计数据、《北京区域统计年鉴》2016～2021年统计数据整理得出。

二、人均 GDP

人均 GDP 属于人均产出。人均产出是用来衡量或表示经济发展程度的，它可以很直观地反映出北京经济发展的质量。

从表 3－2、表 3－3 的数据可以看出，北京市人均 GDP 从 2015 年的 113 692 元到 2019 年的 161 776 元，是逐年增长的，相对于 2015 年的增长比率分别是 8.53%、19.77%、32.78%、42.29%。2016 年到 2018 年的环比增长率也是连年增加的，2019 年环比增长率有所下降，说明 2019 年人均 GDP 相对于 2018 年增长的幅度没有往年高，这主要是对比基数在不断增大，同时更加强调高质量发展，不再单纯追求增长速度。城六区的人均生产总值也是连年上升的，其中西城区的人均生产总值最高，从 2015 年的 271 236.6 元到 2019 年的 434 284.5 元，与其他城区相比一直领先。从各郊区数据分析来看，人均生产总值也是连年增加的。北京的高质量发展始终坚持"稳中求进"工作总基调，深入落实首都城市战略定位，以高质量发展为基调促进经济发展，虽然 GDP 总量增长放缓，但人均 GDP 一直稳步连年增长，显示人民生活水平在不断提高。

表 3－2　　　　　　　　2015～2019 年人均地区生产总值

地区	指标	2015 年	2016 年	2017 年	2018 年	2019 年
北京市	地区生产总值（亿元）	24 779.1	27 041.2	29 883	33 106	35 445.1
	人均生产总值（元／人）	113 692	123 391	136 172	150 962	161 776
东城区	地区生产总值（亿元）	2 099.2	2 280.1	2 508.3	2 727.1	2 910.4
	地区总人数（万人）	90	86.4	82.8	79.2	75.3
	人均地区生产总值（元／人）	233 244.4	263 900.5	302 934.8	344 330.8	386 507.3
西城区	地区生产总值（亿元）	3 553.2	3 881.8	4 265.7	4 692.3	5 007.3
	地区总人数（万人）	131	127.3	123.3	119.7	115.3
	人均地区生产总值（元／人）	271 236.6	304 933.2	345 961.1	392 005	434 284.5
朝阳区	地区生产总值（亿元）	5 073	5 516.2	6 079.9	6 668.2	7 116.4
	地区总人数（万人）	399	389.3	379.1	369.3	357.5
	人均地区生产总值（元／人）	127 142.9	141 695.4	160 377.2	180 563.2	199 060.1

续表

地区	指标	2015 年	2016 年	2017 年	2018 年	2019 年
丰台区	地区生产总值（亿元）	1 283.7	1 399.1	1 557.9	1 710.9	1 829.6
	地区总人数（万人）	238.4	232.4	225.8	219	211.1
	人均地区生产总值（元/人）	53 846.5	60 202.2	68 994.7	78 123.3	86 669.8
石景山区	地区生产总值（亿元）	532.3	592.9	667.3	748.8	808
	地区总人数（万人）	66.9	65.3	63.3	61.4	59.4
	人均地区生产总值（元/人）	79 566.5	90 796.3	105 418.6	121 954.4	136 026.9
海淀区	地区生产总值（亿元）	5 359.7	5 908	6 594.3	7 369.1	7 954.6
	地区总人数（万人）	372.1	364	352.4	341.5	329
	人均地区生产总值（元/人）	144 039.2	162 307.7	187 125.4	215 786.2	241 781.2
门头沟区	地区生产总值（亿元）	171	188.4	208.4	232.4	249.3
	地区总人数（万人）	32.2	32.8	34.2	35.7	37.3
	人均地区生产总值（元/人）	53 105.6	57 439	60 935.7	65 098	66 836.5
房山区	地区生产总值（亿元）	568.4	614.3	681.7	767	811
	地区总人数（万人）	104	108.9	114.5	118.5	124.8
	人均地区生产总值（元/人）	54 653.8	56 409.6	59 537.1	64 725.7	64 984
通州区	地区生产总值（亿元）	689.7	761.4	852.2	986.7	1 059.3
	地区总人数（万人）	139.4	145.9	154.5	163.3	173.2
	人均地区生产总值（元/人）	49 476.3	52 186.4	55 158.6	60 422.5	61 160.5
顺义区	地区生产总值（亿元）	1 471.5	1 600.7	1 715.9	1 876	1 993
	地区总人数（万人）	102.9	108.9	114.5	119.6	125.7
	人均地区生产总值（元/人）	143 002.9	146 988.1	149 860.3	156 856.2	158 552.1
昌平区	地区生产总值（亿元）	755.1	815.4	906.3	997.9	1 082.5
	地区总人数（万人）	196.5	202.2	207.6	213.6	219.5
	人均地区生产总值（元/人）	38 427.5	40 326.4	43 656.1	46 718.2	49 316.6
大兴区	地区生产总值（亿元）	614.2	678.7	759.5	846.6	907.6
	地区总人数（万人）	156.3	169.7	176.3	181.2	189.8
	人均地区生产总值（元/人）	39 296.2	39 994.1	43 080	46 721.9	47 818.8
怀柔区	地区生产总值（亿元）	281.3	304.9	336	375	399.9
	地区总人数（万人）	38.6	39.6	40.8	41.9	42.7
	人均地区生产总值（元/人）	72 875.6	76 994.9	82 352.9	89 498.8	93 653.4
平谷区	地区生产总值（亿元）	214.3	233.1	252.5	276.3	293.6
	地区总人数（万人）	41.9	42.5	43.3	44.2	44.5
	人均地区生产总值（元/人）	51 145.6	54 847.1	58 314.1	62 511.3	65 977.5

续表

地区	指标	2015 年	2016 年	2017 年	2018 年	2019 年
密云区	地区生产总值（亿元）	234.9	255	287.8	317.5	341
	地区总人数（万人）	48.6	48.9	49.7	50.6	51.5
	人均地区生产总值（元/人）	48 333.3	52 147.2	57 907.4	62 747	66 213.6
延庆区	地区生产总值（亿元）	127.4	139.5	158.6	179.3	195.3
	地区总人数（万人）	30.5	31.3	32.3	33	33.5
	人均地区生产总值（元/人）	41 770.5	44 568.7	49 102.2	54 333.3	58 298.5

资料来源：根据《北京统计年鉴》2016～2021 年统计数据、《北京区域统计年鉴》2016～2021 年统计数据整理得出。

表 3 - 3   2015～2019 年人均地区生产总值变化情况

地区	2015 年	2016 年			2017 年			2018 年			2019 年		
	人均生产总值（元/人）	人均生产总值（元/人）	环比增长速度（%）	定基增长速度（%）	人均生产总值（元/人）	环比增长速度（%）	定基增长速度（%）	人均生产总值（元/人）	环比增长速度（%）	定基增长速度（%）	人均生产总值（元/人）	环比增长速度（%）	定基增长速度（%）
北京市	113 692	123 391	8.5	15.6	136 172	10.4	27.6	150 962	10.9	41.4	161 776	7.2	51.6
东城区	233 244	263 901	13.1	25.7	302 935	14.8	44.2	344 331	13.7	63.9	386 507	12.3	84.0
西城区	271 237	304 933	12.4	23.9	345 961	13.5	40.6	392 005	13.3	59.3	434 285	10.8	76.5
朝阳区	127 143	141 695	11.5	19.9	160 377	13.2	35.7	180 563	12.6	52.8	199 060	10.2	68.4
丰台区	53 847	60 202	11.8	20.5	68 995	14.6	38.1	78 123	13.2	56.4	86 670	10.9	73.5
石景山区	79 567	90 796	14.1	25.9	105 419	16.1	46.2	121 954	15.7	69.1	136 027	11.5	88.6
海淀区	144 039	162 308	12.7	20.9	187 125	15.3	39.4	215 786	15.3	60.7	241 781	12.1	80.1

资料来源：根据《北京统计年鉴》2016～2021 年统计数据、《北京区域统计年鉴》2016～2021 年统计数据整理得出。

三、投资效果系数

投资效果系数是反映固定资产投资使用效果的指标，其计算公式为：某期 GDP 总量/同期全社会固定资产投资完成额。当然，由于某期国内生产总值并不完全是当期固定资产投资形成的，因此该指标只能近似地反映固定资产投资宏观经济效果的变化趋势，但总体来说，其趋势基本能够反映投资效果变化。

从表3-4可知，2015年以来，北京市投资效果系数总体上趋于上升，这说明投资的效率总体上呈现出边际效应递增，表明依靠投资拉动的经济增长是可持续的。分区来看，西城区投资效果系数居于领先地位，在2019年达到26.53。东城区和海淀区居于第二、第三的位置，2019年分别为11.08和8.23。值得注意的是延庆区的投资效果系数逐年下降，且在2018年、2019年均小于1，说明该城区在优化投资结构、提高投资效率方面需要继续努力。

表3-4　　　　　　　　　　　投资效果系数

地区	2015年	2016年	2017年	2018年	2019年
北京市	3.10	3.20	3.34	4.11	4.50
东城区	8.93	8.62	8.81	9.47	11.08
西城区	14.44	15.36	14.37	19.86	26.53
朝阳区	4.1	4.39	4.48	5.32	6.21
丰台区	1.49	1.46	1.58	2.28	2.6
石景山区	2.64	2.63	2.46	2.73	2.78
海淀区	6.16	6.77	6.56	7.79	8.23
门头沟区	0.59	0.56	0.55	1.75	1.84
房山区	1.07	1.14	1.24	2.13	1.96
通州区	0.86	0.81	0.81	1.2	1.11
顺义区	3.16	3.3	3.32	4.05	4.21
昌平区	1.3	1.37	1.66	2.15	2.32
大兴区	0.76	0.82	0.93	0.82	1.03
怀柔区	2.15	2.52	2.37	2.5	2.31
平谷区	1.46	1.42	2.49	2.07	2.3
密云区	2.18	2.02	2.2	2.23	2.57
延庆区	1.79	1.3	1.03	0.66	0.67

资料来源：根据《北京统计年鉴》2016~2021年统计数据、《北京区域统计年鉴》2016~2021年统计数据整理得出。

四、全社会劳动生产率

全社会劳动生产率是反映劳动消耗与产出之间的数量对比关系，其计算公式为：全社会劳动生产率 = 某期 GDP 总量/同期全社会平均从业人数。霍夫曼的工业化阶段理论认为，生产要素的投入结构顺序是由劳动密集型为主转为资源密集型，再向技术密集、智力信息咨询型演化。

从表 3-5 可知，2015 年以来，北京市全社会劳动生产率有了较大幅度的增长，特别是 2017～2019 年，北京市全社会劳动生产率呈现出快速增长的态势。五年来，北京市全社会劳动生产率均未下降，预示着其高附加值的技术密集型产业带动全社会劳动生产率增长的发展现状表现良好。随着技术的不断创新和进步，这一状态应该预计会继续稳定保持下去。

表 3-5　　　　　　　　　　　全社会劳动生产率

地区	指标	2015 年	2016 年	2017 年	2018 年	2019 年
北京市	地区生产总值（亿元）	24 779.1	27 041.2	29 883	33 106	35 445.1
	平均从业人员（万人）	1 186.1	1 220.1	1 246.8	1 237.8	1 273
	全社会劳动生产率（元/人）	211 534	224 763	243 377	266 494	282 340

资料来源：根据《北京统计年鉴》2016～2021 年统计数据整理得出。

第二节　产业结构状态分析

产业结构反映国民经济各产业部门之间以及各产业部门内部的构成。产业结构调整包括合理化和高级化。产业结构合理化具体表现为产业之间的数量比例关系的平衡过程；产业结构高级化又称为产业结构升级，一般遵循产业结构演变规律，是经济发展重点或产业结构重心由第一产业向第二产业和第三产业逐次转移的过程。产业结构状态是反映经济增长质量的主要内容，通过分析北京市三大产业结构的变化以及第三产业增加值历年的变化情况，能够探寻北京市经济增长质量存在的问题。

总体来看，2019 年全市生产总值达 3.5 万亿元，按可比价格计算，约是 1952 年的 750 倍，年均增长 10.2%。党的十八大以来，随着经济进入转型升级新阶段，经济增长逐渐由高速向中高速换挡，近年增速保持在 6.5% ~ 7%，增长的稳定性进一步增强。

一、三次产业构成及变化

三次产业结构是国民经济中反映经济结构的重要内容。从三次产业构成及变化情况能够准确判断、分析产业结构的特征和存在的问题，对于准确判断北京市产业发展所处阶段、加快转变经济增长方式、推动经济又好又快发展具有重大意义。

从表 3 - 6 可知，2019 年北京市第一产业占 GDP 的比重为 0.3%，第二产业占 GDP 的比重在 15.9%，第三产业占 GDP 的比重超过 80%，可以判断北京市产业结构处于服务业为主的阶段。在这个阶段内，投资驱动和科技创新是推动经济发展最强大的驱动力，资源密集型产业逐渐淡出。

表 3 - 6 北京三次产业的构成分析表 单位:%

地区	指标	2015 年	2016 年	2017 年	2018 年	2019 年
北京市	第一产业 GDP 占比	0.6	0.5	0.4	0.4	0.3
	第二产业 GDP 占比	19.7	19.3	19	18.6	15.9
	第三产业 GDP 占比	79.7	80.2	80.6	81	83.79
东城区	第一产业 GDP 占比	0	0	0	0	0
	第二产业 GDP 占比	4.19	3.88	3.68	3.69	2.97
	第三产业 GDP 占比	95.81	96.12	96.32	96.31	97.03
西城区	第一产业 GDP 占比	0	0	0	0	0
	第二产业 GDP 占比	9.05	8.47	8.45	8.79	5.53
	第三产业 GDP 占比	90.95	91.53	91.55	91.21	94.47
朝阳区	第一产业 GDP 占比	0.03	0	0.02	0.03	0.04
	第二产业 GDP 占比	7.72	6.79	7.5	6.63	6.94
	第三产业 GDP 占比	92.26	93.19	92.48	93.33	93.01

地区	指标	2015 年	2016 年	2017 年	2018 年	2019 年
丰台区	第一产业 GDP 占比	0.05	0.04	0.05	0.06	0.04
	第二产业 GDP 占比	21.31	21.32	19.73	19.97	14.72
	第三产业 GDP 占比	78.64	78.64	80.22	79.98	83.52
石景山区	第一产业 GDP 占比	0	0	0	0	0
	第二产业 GDP 占比	32.99	30.31	29.15	27.53	16.48
	第三产业 GDP 占比	67.01	69.69	70.85	72.47	83.52
海淀区	第一产业 GDP 占比	0.04	0.03	0.03	0.03	0.02
	第二产业 GDP 占比	12.27	11.14	10.6	10.12	8.84
	第三产业 GDP 占比	87.69	88.83	89.38	89.86	91.1
门头沟区	第一产业 GDP 占比	0.59	0.59	0.63	1.77	1.25
	第二产业 GDP 占比	48.39	46.39	46.58	41.24	27.16
	第三产业 GDP 占比	51.02	53.02	52.79	56.99	71.6
房山区	第一产业 GDP 占比	2.57	2.26	1.92	1.77	1.72
	第二产业 GDP 占比	58.35	55.38	58.37	58.6	43.79
	第三产业 GDP 占比	39.08	42.35	39.71	39.63	54.5
通州区	第一产业 GDP 占比	3.19	2.44	2.12	1.91	1.19
	第二产业 GDP 占比	46.74	44.96	47.46	45.93	39.74
	第三产业 GDP 占比	50.07	52.6	50.42	52.16	59.06
顺义区	第一产业 GDP 占比	1.52	1.25	1.07	0.93	0.83
	第二产业 GDP 占比	40.09	41.34	37.46	35.95	28.8
	第三产业 GDP 占比	58.39	57.4	61.47	63.12	70.18
昌平区	第一产业 GDP 占比	1.23	1.01	0.93	0.84	0.83
	第二产业 GDP 占比	37.24	37.04	37.4	35.35	29.94
	第三产业 GDP 占比	61.53	61.95	61.6	63.82	69.23
大兴区	第一产业 GDP 占比	4.29	3.31	2.61	1.92	1.34
	第二产业 GDP 占比	41.06	39.97	37.73	37.04	30.54
	第三产业 GDP 占比	54.64	56.72	59.66	61.03	68.12
怀柔区	第一产业 GDP 占比	3.02	2.41	2.3	2.17	1.62
	第二产业 GDP 占比	56.28	56.06	56.95	52.03	40.85
	第三产业 GDP 占比	40.69	41.53	40.75	45.81	50.89
平谷区	第一产业 GDP 占比	9.5	8.14	6.72	6.09	4.54
	第二产业 GDP 占比	45.97	43.69	40.85	37.84	26.16
	第三产业 GDP 占比	44.53	48.17	52.43	56.06	68.33

续表

地区	指标	2015 年	2016 年	2017 年	2018 年	2019 年
密云区	第一产业 GDP 占比	7.2	6.45	5.09	4.4	4.02
	第二产业 GDP 占比	44.48	42.92	40.3	39.08	30.52
	第三产业 GDP 占比	48.32	50.63	54.57	56.48	65.46
延庆区	第一产业 GDP 占比	7.28	6.05	5.02	5.06	3.82
	第二产业 GDP 占比	27.2	29.71	31.46	34.58	25.8
	第三产业 GDP 占比	65.52	64.24	63.52	60.36	70.38
北京经济技术开发区	第一产业 GDP 占比	0	0	0	0	0
	第二产业 GDP 占比	63.87	63.99	65.93	66.26	65.1
	第三产业 GDP 占比	36.13	36.01	34.07	33.74	34.9

资料来源：根据《北京统计年鉴》2016～2021 年统计数据、《北京区域统计年鉴》2016～2021 年统计数据整理得出。

从第一产业分析，2015～2019 年北京市第一产业比重逐年降低，由 0.6%下降到 0.3%，总体均未超过 1%，这说明第一产业在北京市产业结构中的比重已经微乎其微，接近完全退出。其中，城六区第一产业 GDP 占比基本接近于 0；相比之下，平谷区、延庆区和密云区的第一产业增加值在各区中占比最大，基本在 4%～5%，但仍然保持了平稳下降的趋势，其中平谷区第一产业 GDP 占比从 9.5%下降至 4.54%，延庆区第一产业 GDP 占比从 7.28%下降至 3.82%，密云区第一产业 GDP 占比从 7.2%下降至 4.02%。

从第二产业分析，2015～2019 年北京市第二产业比重逐年降低，由 19.7%下降到 15.9%，产业占比依然居于次位。2015 年，全市第二产业 GDP 占比首次低于 20%，也是 2015～2019 年以来占比下降最快的一年。其中，城六区中东城区第二产业 GDP 占比未超 5%，西城区和朝阳区第二产业 GDP 占比未超 10%，海淀区未超 15%；房山区和怀柔区占比最大，但也基本上处于逐年下降状态。

从第三产业分析，从 2015～2019 年北京市第三产业比重逐年上升，2016 年首次超过 80%，2019 年达到 83.79%，创历史最高，且每年均有小幅提升。这说明了北京市第三产业在国内生产总值中的主导性和稳定性，且受第一、第二产业增加值影响很小，动力很足，形成并延续了规模递增的持续增长。城六区中东城区、西城区和朝阳区第三产业 GDP 占比超过 90%，海淀区超 85%，并向 90% 逼近。

二、第三产业增加值

第三产业的快速发展是生产力提高和社会进步的必然结果，与人民生活水平和质量密切相关。从表 3 - 7 可知，2015 ~ 2019 年北京市第三产业增加值逐年递增，2019 年全市第三产业增加值达到 5 109.74 亿元。这直接反映了北京市第三产业的快速发展。结合北京市第三产业实际，可以看出北京市高精尖产业及现代服务业取得了长足进展。城六区第三产业增加值以海淀区为最大，2019 年增加值达到 1 427.23 亿元。

表 3 - 7 第三产业增加值分析表

地区	指标	2015 年	2016 年	2017 年	2018 年	2019 年
北京市	第三产业增加值（亿元）	1 763.2	1 710.2	1 972.9	1 985.8	5 109.74
	定基增长速度（%）	—	-3.01	11.89	12.62	189.8
东城区	第三产业增加值（亿元）	117.11	202	182.69	171.51	487.78
	定基增长速度（%）	—	72.49	56	46.45	316.51
西城区	第三产业增加值（亿元）	220.06	322.63	292.29	281.54	859.38
	定基增长速度（%）	—	46.61	32.82	27.94	290.52
朝阳区	第三产业增加值（亿元）	291.62	537.92	392.66	475.65	931.96
	定基增长速度（%）	—	84.46	34.65	63.11	219.58
丰台区	第三产业增加值（亿元）	82.55	99.9	125.2	95.34	318.86
	定基增长速度（%）	—	21.02	51.67	15.49	286.26
石景山区	第三产业增加值（亿元）	23.47	47.76	43.31	44.32	251.21
	定基增长速度（%）	—	103.49	84.53	88.84	970.35
海淀区	第三产业增加值（亿元）	332.05	746.52	519.31	510.72	1 427.23
	定基增长速度（%）	—	124.82	56.4	53.8	329.82
门头沟区	第三产业增加值（亿元）	9.04	10.18	8.37	15.11	71.29
	定基增长速度（%）	—	12.61	-7.41	67.15	688.61
房山区	第三产业增加值（亿元）	23.84	40.11	13.77	31.22	140.02
	定基增长速度（%）	—	68.25	-42.24	30.96	487.33

续表

地区	指标	2015 年	2016 年	2017 年	2018 年	2019 年
通州区	第三产业增加值（亿元）	47.77	56.82	27.28	51.98	191.48
	定基增长速度（%）	—	18.94	−42.89	8.81	300.84
顺义区	第三产业增加值（亿元）	106.79	72.29	141.12	121.82	222.14
	定基增长速度（%）	—	−32.31	32.15	14.07	108.02
昌平区	第三产业增加值（亿元）	53.51	62.32	51.14	57.74	173.79
	定基增长速度（%）	—	16.46	−4.43	7.91	224.78
大兴区	第三产业增加值（亿元）	19.62	52.04	53.74	42.92	190.8
	定基增长速度（%）	—	165.24	173.9	118.76	872.48
怀柔区	第三产业增加值（亿元）	12.2	12.46	8.73	25.21	88.4
	定基增长速度（%）	—	2.13	−28.44	106.64	624.59
平谷区	第三产业增加值（亿元）	11.92	17.42	17.28	18.28	62.8
	定基增长速度（%）	—	31.57	30.77	36.51	292.08
密云区	第三产业增加值（亿元）	13.6	17.63	−4.72	17.7	53.68
	定基增长速度（%）	—	29.63	−134.71	30.15	294.71
延庆区	第三产业增加值（亿元）	7.89	8.46	7.7	5.2	45.8
	定基增长速度（%）	—	7.22	−2.41	−34.09	480.48
北京经济技术开发区	第三产业增加值（亿元）	32.98	46.33	28.5	43.75	165.05
	定基增长速度（%）	—	40.48	−13.58	32.66	400.45

资料来源：根据《北京统计年鉴》2016～2021 年统计数据、《北京区域统计年鉴》2016～2021 年统计数据整理得出。

以 2015 年第三产业增加值为基点，整理出全市及所有城区第三产业增加值的定基增长速度。可以看出，城六区定基增长速度在 2019 年均超过 200%，其中石景山区更是达到了 970.35%，均呈倍增式增长。其他城区最低增长速度为顺义区 108.02%，最高增长速度为大兴区 872.48%。

第三节　经济增长福利性分析

经济增长后需要提高人民生活水平和质量，同时，消费也是经济增长的重要引擎，是北京发展巨大潜力所在。因此，我们主要用居民消费水平指数、恩格尔系数、城乡居民人均消费支出和居民人均可支配收入这四个关键测度指标来分析北京经济增长的福利性。

一、居民消费水平指数

居民消费水平指数是反映不同时期每户（每人）消费水平变动程度的指标。由表3-8可知，2015~2019年，北京市全市居民消费水平指数较为稳定，表明北京市居民的消费水平一直比较稳定，购买能力稳中略升。2015~2019年，城镇居民消费水平指数与全市居民消费水平指数基本保持一致，农村居民消费水平指数在2015~2019年呈现波动变化，除2017年以外，均保持在全市居民消费水平指数之上，2018年农村居民消费水平指数提高较多，反映出相对于城镇居民消费市场，农村居民消费市场具有更大的发展空间。扩大消费对经济增长的拉动作用是加快转变经济发展方式的首要任务，而提高居民消费能力的关键是要调整收入分配结构，要以"提低、扩中、控高"为重点进行收入分配改革，大幅提高居民消费率。

表3-8 居民消费水平指数

地区	指标	2015年	2016年	2017年	2018年	2019年
北京市	全市居民消费水平指数	106.5	106.3	105.7	106.4	106.9
	城镇居民消费水平指数	106.4	106.1	105.8	106.2	106.7
	农村居民消费水平指数	106.5	107.5	105.5	108.4	106.9

资料来源：根据《北京市统计年鉴》2021年统计数据整理得出。

二、恩格尔系数

恩格尔系数是食品支出总额占个人消费支出总额的比例。假设一个家庭食品支出不变，家庭收入越多，恩格尔系数越小；反之，家庭收入越少，恩格尔系数越大，因此恩格尔系数能够反映家庭福利水平，家庭收入越多，用于购买食品的支出比例也就越小。由表3-9可知，从2015~2019年，北京市全市居民家庭恩格尔系数逐年降低，从 2015 年的 22.4% 下降到 2019 年的 19.7%，下降了 12.05%。2015～2019 年，城镇居民家庭恩格尔系数与全市居民家庭恩格尔系数基本保持一致，从 2015 年的 22.1% 下降到 2019 年的 19.3%，下降了 12.67%。农村居民家庭恩格尔系数明显高于全市居民家庭恩格尔系数，但也呈现出逐年降低的趋势，从 2015 年的 27.7% 下降到 2018 年的 25.3%，下降了 8.66%，表明相对于城镇居民家庭来说，农村居民家庭收入增长较快，并且农村居民家庭的收入与城镇居民家庭收入差距显著减小。

表 3 - 9 恩格尔系数

地区	指标	2015 年	2016 年	2017 年	2018 年	2019 年
北京市	全市居民家庭恩格尔系数（%）	22.4	21.5	20.2	20.2	19.7
	城镇居民家庭恩格尔系数（%）	22.1	21.1	19.8	20	19.3
	农村居民家庭恩格尔系数（%）	27.7	26.9	24.7	23.8	25.3

资料来源：根据《北京市统计年鉴》2016～2021 年统计数据整理得出。

三、城乡居民人均消费支出

居民人均消费支出是指城乡居民个人和家庭用于生活消费以及集体用于个人消费的全部支出，是综合反映城乡居民生活消费水平的重要指标。其包括购买商品支出以及享受文化服务和生活服务等非商品支出。对于农村居民来说，还包括用于生活消费的自给性产品支出。由表 3 - 10 可知，从 2015～2019 年，北京市全市居民人均消费支出逐年上升，从 2015 年的 33 803 元/人增加到了 2019 年的 43 038 元/人，增长了 27.32%。城镇居民人均消费支出从 2015 年的 36 642 元/人增加到了 2019 年的 46 358 元/人，增长了 26.52%，与全市居民人均消费支出增长幅度基本一致。而农村居民人均消费支出从 2015 年的 15 811 元/人增加到了 2019 年的 21 881 元/人，增长了 38.39%，大幅度超过全市居民人均消费支出增长幅度。但是农村居民人均消费支出不及城镇居民人均消费支出的 50%，两者之间差距很大，且差距还在逐年增大，表明农村消费水平偏低，还需不断调整农村居民收入分配结构，以促进消费水平的提升。就城六区来说，城镇居民人均消费支出即为全区居民人均消费支出，均远远超过全市平均水平。其中，海淀区居民人均消费支出一直保持在最高水平，2015～2019 年分别为 44 626 元/人、46 630 元/人、49 458 元/人和 52 910 元/人、56 630 元/人。主城区中，2015～2019 年居民人均消费支出增长幅度最大的是东城区，从 2015 年的 40 865 元/人增加到了 2019 年的 52 715 元/人，增加了 29%。就郊区来说，门头沟区的全区居民人均消费支出在 2015～2019 年一直保持在最高，2019 年达到了 36 054 元/人，但是仍未达到全市平均水平；2015～2019 年增长幅度最大的是怀柔区，增长了 38.33%。

表 3－10　　　　　　　　　城乡居民人均消费支出　　　　　　　　单位：元/人

地区	指标	2015 年	2016 年	2017 年	2018 年	2019 年
北京市	全市居民人均消费支出	33 803	35 416	37 425	39 843	43 038
	城镇居民人均消费支出	36 642	38 256	40 346	42 926	46 358
	农村居民人均消费支出	15 811	17 329	18 810	20 195	21 881
东城区	全区居民人均消费支出	40 865	43 923	46 154	49 026	52 715
西城区	全区居民人均消费支出	43 595	45 329	46 668	49 642	53 437
朝阳区	全区居民人均消费支出	39 660	40 034	41 579	44 849	48 174
丰台区	全区居民人均消费支出	34 240	37 831	38 127	40 927	43 468
石景山区	全区居民人均消费支出	36 789	38 547	40 767	43 286	45 904
海淀区	全区居民人均消费支出	44 626	46 630	49 458	52 910	56 630
门头沟区	全区居民人均消费支出	28 364	31 083	31 820	33 805	36 054
	城镇居民人均消费支出	30 012	32 977	33 910	36 063	38 100
	农村居民人均消费支出	18 980	20 271	19 649	—	—
房山区	全区居民人均消费支出	19 955	21 918	23 180	24 363	26 134
	城镇居民人均消费支出	22 742	25 105	26 368	28 337	30 589
	农村居民人均消费支出	14 294	15 470	16 730	—	—
通州区	全区居民人均消费支出	22 508	24 505	26 550	28 696	31 004
	城镇居民人均消费支出	26 944	29 238	31 701	34 361	37 187
	农村居民人均消费支出	15 544	17 098	18 490	—	—

续表

地区	指标	2015 年	2016 年	2017 年	2018 年	2019 年
顺义区	全区居民人均消费支出	18 231	19 716	21 371	23 118	25 024
	城镇居民人均消费支出	22 174	23 810	25 928	28 301	30 627
	农村居民人均消费支出	13 926	15 245	16 396	—	—
昌平区	全区居民人均消费支出	25 675	27 842	30 046	32 469	35 178
	城镇居民人均消费支出	27 340	29 892	32 030	34 558	37 335
	农村居民人均消费支出	18 425	18 949	21 437	—	—
大兴区	全区居民人均消费支出	23 402	24 976	26 365	28 564	30 933
	城镇居民人均消费支出	26 798	28 166	29 710	32 033	34 663
	农村居民人均消费支出	15 322	17 389	18 327	—	—
怀柔区	全区居民人均消费支出	19 569	21 383	23 088	25 035	27 070
	城镇居民人均消费支出	21 720	23 633	25 415	27 642	29 885
	农村居民人均消费支出	15 567	17 195	18 754	—	—
平谷区	全区居民人均消费支出	18 990	20 578	21 670	23 021	24 712
	城镇居民人均消费支出	22 519	24 539	25 225	27 182	29 424
	农村居民人均消费支出	14 693	15 755	17 223	—	—
密云区	全区居民人均消费支出	18 792	19 538	20 306	21 772	23 321
	城镇居民人均消费支出	22 741	23 020	23 849	25 575	27 620
	农村居民人均消费支出	13 973	15 300	15 997	—	—
延庆区	全区居民人均消费支出	18 202	19 732	21 449	23 023	24 652
	城镇居民人均消费支出	22 882	24 809	27 109	29 238	31 422
	农村居民人均消费支出	13 382	14 500	15 641	—	—

注：符号"—"表明该数据缺失。

资料来源：根据《北京市统计年鉴》和《北京区域统计年鉴》2016～2021 年统计数据整理得出。

四、居民人均可支配收入

人均可支配收入是衡量人民生活水平的一个重要标准。北京积极探索在刚性约束下，实现城市更新和高质量发展路径。从表 3－11 可以看出，在全市人民共同努力下，北京全市人均可支配收入在 2016 年突破 5 万元，而城镇居民人均可支配收入在 2015 年就突破了 5 万元，农村居民人均可支配收入也在逐年增加。

从城六区来看，城镇居民人均可支配收入是逐年增加的，除丰台区外，其他 5 个城区都在 2015 年破 5 万元，其中东城区、西城区、海淀区的人均可支配收入破了 6 万元。2015～2019 年郊区的居民人均可支配收入都是连年增加的。各区相比，主城区的人均可支配收入更高。从以上数据可以看出，北京正在向着高收入国家的地区水平前进。

表 3－11　　　　　　2015～2019 年居民人均可支配收入　　　　　　单位：元

地区	指标	2015 年	2016 年	2017 年	2018 年	2019 年
北京市	城镇居民人均可支配收入	52 859	57 275	62 406	67 990	73 849
	农村居民人均可支配收入	20 569	22 310	24 240	26 490	—
	全市居民人均可支配收入	48 458	52 530	57 230	62 361	67 756
东城区	城镇居民人均可支配收入	61 764	66 084	70 289	75 547	81 592
	全市居民人均可支配收入	61 764	66 084	70 289	75 547	81 592
西城区	城镇居民人均可支配收入	67 492	71 863	76 511	81 678	88 291
	全市居民人均可支配收入	67 492	71 863	76 511	81 678	88 291
朝阳区	城镇居民人均可支配收入	55 450	60 056	64 841	70 746	76 936
	全市居民人均可支配收入	55 450	60 056	64 841	70 746	76 936
丰台区	城镇居民人均可支配收入	47 127	51 173	55 871	60 144	65 215
	全市居民人均可支配收入	47 127	51 173	55 871	60 144	65 215
石景山区	城镇居民人均可支配收入	56 304	60 980	66 112	71 244	76 990
	全市居民人均可支配收入	56 304	60 980	66 112	71 244	76 990
海淀区	城镇居民人均可支配收入	62 325	67 022	71 986	78 178	84 733
	全市居民人均可支配收入	62 325	67 022	71 986	78 178	84 733
门头沟区	城镇居民人均可支配收入	42 350	45 872	49 682	53 227	—
	农村居民人均可支配收入	20 167	21 861	23 746	—	—
	全市居民人均可支配收入	39 037	42 293	45 881	49 298	53 743
房山区	城镇居民人均可支配收入	36 317	39 486	42 992	46 503	50 644
	农村居民人均可支配收入	19 161	20 849	22 727	—	—
	全市居民人均可支配收入	30 656	33 322	36 289	39 391	42 823
通州区	城镇居民人均可支配收入	37 608	40 845	44 607	48 682	53 088
	农村居民人均可支配收入	21 648	23 538	25 632	—	—
	全市居民人均可支配收入	31 397	34 097	37 209	40 553	44 190

续表

地区	指标	2015 年	2016 年	2017 年	2018 年	2019 年
顺义区	城镇居民人均可支配收入	33 394	36 448	39 736	43 437	47 496
	农村居民人均可支配收入	22 648	24 649	26 833	—	—
	全市居民人均可支配收入	28 257	30 808	33 568	36 575	39 948
昌平区	城镇居民人均可支配收入	38 794	42 149	45 735	49 778	54 248
	农村居民人均可支配收入	20 115	21 871	23 839	—	—
	全市居民人均可支配收入	35 306	38 350	41 632	45 399	49 669
大兴区	城镇居民人均可支配收入	40 598	43 932	47 572	51 800	56 450
	农村居民人均可支配收入	17 796	19 555	21 338	—	—
	全市居民人均可支配收入	33 849	36 718	39 862	43 464	47 432
怀柔区	城镇居民人均可支配收入	33 247	36 013	39 272	42 853	46 706
	农村居民人均可支配收入	19 937	21 620	23 506	—	—
	全市居民人均可支配收入	28 595	30 982	33 764	36 797	40 067
平谷区	城镇居民人均可支配收入	35 117	38 080	41 130	44 402	48 195
	农村居民人均可支配收入	20 147	21 866	23 760	—	—
	全市居民人均可支配收入	28 367	30 768	33 414	36 012	38 949
密云区	城镇居民人均可支配收入	33 878	36 631	40 031	43 512	47 231
	农村居民人均可支配收入	19 183	20 798	22 604	—	—
	全市居民人均可支配收入	27 259	29 490	32 165	34 951	38 004
延庆区	城镇居民人均可支配收入	35 603	38 442	41 599	44 916	48 701
	农村居民人均可支配收入	18 088	19 588	21 248	—	—
	全市居民人均可支配收入	26 975	29 157	31 555	33 887	36 482

注：符号"—"表明该数据缺失。

资料来源：根据《北京统计年鉴》和《北京区域统计年鉴》2016～2021 年统计数据得出。

第四节　经济增长创新性分析

北京的高质量发展应当以创新为引领。我们在研究中针对创新环境、创新投入和创新产出三个方面设计了 6 个指标来分析北京经济增长的创新性。

一、创新环境

我们通过高技术企业数量的发展变化来反映北京创新环境的改善。

高技术企业是指在《国家重点支持的高新技术领域》内，持续进行研究开发与技术成果转化，形成企业核心自主知识产权，并以此为基础开展经营活动，在中国境内（不包括港、澳、台地区）注册一年以上的居民企业。它是知识密集、技术密集的经济实体。近年来，良好的营商环境大大激发了市场主体活力，促进了北京高技术企业的发展。2019 年北京日均设立高技术企业数量达 250 家，其中，国家级高技术企业累计达 2.5 万家，实现了翻番。独角兽企业 82 家，占据我国的半壁江山。

由表 3 - 12 我们可以清晰地看出，北京市高技术企业蓬勃发展，共有 24 687 家高技术企业。其中，海淀区以绝对优势拔得头筹，共有 10 158 家，占全市的 41.15%，海淀区是北京市知识、技术集中度最高的地区；其次是朝阳区，3 627 家高技术企业，占全市的 14.69%；达到上千家高技术企业的还有昌平区 1 684 家、丰台区 1 550 家和通州区 1 023 家，分别占全市的 6.82%、6.28%、4.14%；另外，北京经济技术开发区也有 992 家高技术企业，接近千家。高新技术企业数量在 300 家以下的只有门头沟区、平谷区和延庆区。高技术企业数量不断上升，高技术产业机构规模逐年扩大，这是北京市坚持科技自主创新，大力发展高精尖产业的必然结果，有助于北京科技创新中心的建设。

表 3 - 12　　　　　　　　北京市各园区高技术企业数量　　　　　　　　单位：家

地区	2019 年
北京市	24 687
东城区	649
西城区	856
朝阳区	3 627

续表

地区	2019 年
丰台区	1 550
石景山区	865
海淀区	10 158
门头沟区	284
房山区	542
通州区	1 023
顺义区	675
昌平区	1 684
大兴区	740
怀柔区	374
平谷区	243
密云区	317
延庆区	108
北京经济技术开发区	992

资料来源：北京市科学技术委员会网站。

二、创新投入

随着市场对企业核心竞争力的要求提高，企业需要不断投入大量的研究与开发费用以研究新技术，开发新产品，保持其技术领先优势。

（一）研究与试验发展（R&D）经费内部支出占 GDP 的比重

1. 研究与试验发展（R&D）经费内部支出

研究与试验发展（R&D）经费内部支出是指为开展研究与试验发展（R&D）活动，实际用于本单位内的全部支出，按照活动类型，研究与试验发展可分为基础研究、应用研究和试验发展三大类。该指标是国际上通用的衡量一个国家或地区科技投入强度和科技发展水平的评价指标。从表 3 - 13 可以看出，北京研究与试验发展（R&D）经费内部支出稳步上升，显示出企业的内生需求、创新能力"双提升"。短短五年时间，研究与试验发展（R&D）经费内部支出从 1 384 亿元提高到 2 233.59 亿元，五年涨幅达 61.39%。其中，2019 年比 2018 年增长 19.39%；定基增长速度以 2015 年为基期，2016～2019 年分别增长 7.27%、14.14%、35.17% 和 61.39%，研究与试验发展（R&D）经费内部支出的快速增长表明北京市创新投入取得较大成效。这说明北京市政府鼓励支持科技活动的有关政策落实效果明显，政策环境进一步改善。

表 3 - 13   研究与试验发展（R&D）经费内部支出变化分析表

地区	指标	2015 年	2016 年	2017 年	2018 年	2019 年
北京市	研究与试验发展（R&D）经费内部支出（亿元）	1 384	1 484.6	1 579.7	1 870.8	2 233.59
	环比增长速度（%）	—	7.27	6.41	18.43	19.39
	定基增长速度（%）	—	7.27	14.14	35.17	61.39

资料来源：根据《北京统计年鉴》2016～2021 年统计数据整理得出。

2. 研究与试验发展（R&D）经费内部支出构成情况分析

从表 3 - 14 可以看出，2015～2019 年，基础研究、应用研究、试验发展经费均逐年大幅上升。基础研究从 2015 年的 1 909 930 万元上升至 2019 年的 3 554 523 万元，五年涨幅达 86.11%，其中，2016 年环比增长率为 10.57%，2019 年环比增长率达 27.96%。基础研究投入的增加，意味着北京市创新发展的后劲越来越强。基础研究领域一旦得到突破，各个领域都将从基础研究中受益，这对整个研发格局大有裨益，整个研发主体的科研实力将会大大增强。应用研究从 2015 年的 3 182 637 万元上升至 2019 年的 5 638 952 万元，五年涨幅达 77.18%，其中，2015 年环比增长率为 9.36%，2019 年环比增长率达 36.59%。试验发展经费从 2015 年的

8 747 665 万元上升至 2019 年的 13 142 395 万元，五年涨幅达 50.24%，其中，2016 年、2017 年、2018 年、2019 年环比增长率分别为 5.78%、6.51%、19.74%、11.36%。

表 3 - 14　　　　　　　　　研究与试验发展（R&D）经费情况

地区	指标	2015 年	2016 年	2017 年	2018 年	2019 年
北京市	研究与试验发展（R&D）经费内部支出（万元）	13 840 231	14 845 762	15 796 512	18 707 701	22 335 870
	基础研究（万元）	1 909 930	2 111 730	2 323 632	2 777 757	3 554 523
	占比（%）	13.8	14.22	14.71	14.85	15.91
	应用研究（万元）	3 182 637	3 480 597	3 616 704	4 128 265	5 638 952
	占比（%）	23	23.45	22.9	22.07	25.25
	试验发展（万元）	8 747 665	9 253 435	9 856 177	11 801 679	13 142 395
	占比（%）	63.2	62.33	62.39	63.08	58.84

资料来源：根据《北京统计年鉴》2016～2021 年统计数据整理得出。

在研究与试验发展（R&D）经费稳步提高的前提下，我们也需要注意到，研发投入以试验发展为主，2015～2018 年，试验发展经费占研究与试验发展（R&D）经费内部支出比例保持在 62% 以上，2019 年下降至 58.84%；对基础研究、应用研究的投入逐年增多，但两者占比依然较低，其中基础研究占比在 14% 左右，应用研究占比在 23% 左右。因此，北京市应当进一步引导全社会加大对研发的投入力度，尤其是基础性和应用性基础研究领域，优化我国研发资源配置。

3. 研究与试验发展（R&D）经费内部支出占 GDP 的比重

从表 3 - 15 可以看出，2015～2019 年，地区生产总值保持良好的稳步增长态势，年均增长 8.61%，这是我国经济发展进入新常态阶段的写照。由于研究与试验发展（R&D）经费内部支出的增长速度高于地区生产总值的增长速度，所以前者占后者的比率不断上升。

表 3 – 15　　　研究与试验发展（R&D）经费内部支出相当于 GDP 比例

地区	指标	2015 年	2016 年	2017 年	2018 年	2019 年
北京市	研究与试验发展（R&D）经费内部支出（亿元）	1 384	1 484.6	1 579.7	1 870.8	2 233.59
	地区生产总值（亿元）	24 779.1	27 041.2	29 883	33 106	35 445.1
	研究与试验发展（R&D）经费内部支出相当于 GDP 比例（%）	5.59	5.49	5.29	5.65	6.30

资料来源：根据《北京统计年鉴》2016～2021 年统计数据整理得出。

研究与试验发展（R&D）经费内部支出占地区生产总值的比重在波动中上升，2015～2017 年为小幅下降，从 5.59% 下降至 5.29%，2018 年有所上升，2019 年比率为近五年最高，突破 6%，达到 6.30%。研究与试验发展（R&D）经费内部支出占地区生产总值的比重的变化，显示北京对创新投入的高度重视。这说明研究与试验发展（R&D）经费内部支出的增长速度高于地区生产总值的增长速度，前者占后者的比率不断上升，较好地完成了研究与试验发展（R&D）目标，高精尖产业发展的经费保障不断增强。

（二）研究与试验发展（R&D）人员投入

从表 3 – 16 可以看出，研究与试验发展（R&D）人员数量在 2015～2019 年呈逐年上升态势，从 350 721 人上升至 464 178 人，其中，2019 年增长较为迅速，增速为 16.91%。2015～2019 年，定基增长速度为 32.35%。本科及以上学历人员在 2015 年仅为 246 741 人，2019 年攀升至 405 053 人，五年增加了 158 312 人，其中，以 2016 年上升最为迅速，增加了 66 296 人，增幅为 26.87%。

表 3 – 16　　　　　研究与试验发展（R&D）活动人员情况

地区	指标	2015 年	2016 年	2017 年	2018 年	2019 年
北京市	研究与试验发展（R&D）人员（人）	350 721	373 406	397 281	397 034	464 178
	环比增长速度（%）	—	6.47	6.39	− 0.06	16.91
	定基增长速度（%）	—	6.47	13.28	13.21	32.35

续表

地区	指标	2015 年	2016 年	2017 年	2018 年	2019 年
北京市	本科及以上学历人员（人）	246 741	313 037	336 500	341 202	405 053
	基础研究（人）	41 324	46 337	47 429	50 048	63 478
	基础研究人员占研究与试验发展（R&D）人员比例（%）	11.78	12.41	11.94	12.61	13.68
	应用研究（人）	61 644	63 694	70 539	70 880	92 521
	应用研究人员占研究与试验发展（R&D）人员比例（%）	17.58	17.06	17.76	17.85	19.93
	试验发展（人）	142 763	143 306	151 874	146 431	158 059
	试验发展人员占研究与试验发展（R&D）人员比例（%）	40.71	38.38	38.23	36.88	34.05

资料来源：根据《北京统计年鉴》2016~2021 年统计数据整理得出。

基础研究、应用研究、试验发展的人员状况与研究与试验发展（R&D）经费情况一致，试验发展占据总体的近半壁江山，2015 年达40.71%，而基础研究仅占11.38%，应用研究17.22%，但重试验发展、轻基础研究、应用研究的状况已得到很大改善——基础研究人员逐年平稳上升，由 2015 年的 41 324 人上升至 2019 年的 63 478 人，五年涨幅53.61%；应用研究人员逐年上升速度缓于基础研究，由 2015 年的 61 644人上升至 2019 年的 92 521 人，五年涨幅 16.13%；在研究与试验发展（R&D）活动总人数上升大背景下，试验发展人员绝对数量仅下降 15 296人，但占比大幅下降，从 2015 年的 40.71% 下降至 2018 年的 36.88%，到2019 年进一步下降至 34.05%。

研究与试验发展（R&D）人员逐年增加，说明北京市在创新发展方面不断加大投入力度，本科及以上学历人员逐年大幅上升，体现出近年来研究与试验发展（R&D）活动人员的整体学历层次有一定提高。基础研究、应用研究、试验发展的人员变动趋势与经费变动趋势相一致，基础研究的经费占比与人员投入占比不断提高，体现出北京市对基础研究重视程度的不断加强。

三、创新产出

(一) 万人发明专利拥有量

"万人发明专利拥有量"是国际通用指标,是指每万人拥有经国内外知识产权行政部门授权且在有效期内的发明专利件数,主要体现一个国家或地区自主创新能力,是衡量一个国家或地区科研产出质量和市场应用水平的综合指标。该指标的计算公式为:万人发明专利拥有量 = 年末发明专利拥有量/年末总人口,其中,年末人口数,是指每年 12 月 31 日 24 时的人口数,包括常住人口、现有人口和户籍人口,此处采用常住人口。

从表 3-17 可以看出,就创新产出来讲,北京地区万人发明专利拥有量迅速增长。2015 年,这一数据仅仅达到 62 件,2016 年、2017 年实现大幅上涨,涨幅分别达到 24.19%、23.38%,2018 年、2019 年增速有所放缓,但仍稳步上升,2019 年北京地区万人发明专利拥有量攀升至 132 件,环比增长17.86%。五年来迅速增长,涨幅达到 112.9%。万人发明专利拥有量的大幅提升,说明北京市自主创新能力实现跨越式提高,发明专利既是一种无形的知识财产,又能通过工业生产和制造转化成现实财富。

表 3-17   **万人发明专利拥有量**

地区	指标	2015 年	2016 年	2017 年	2018 年	2019 年
北京市	年末总人口(万人)	2 170.5	2 172.9	2 170.7	2 154.2	2 190.1
	年末发明专利拥有量(件)	94 031	102 323	106 948	123 496	131 716
	万人发明专利拥有量(件)	62	77	95	112	132.00
	环比增长速度(%)	—	24.19	23.38	17.89	17.86
	定基增长速度(%)	—	24.19	53.23	80.65	112.9

资料来源:根据北京市科学技术委员会网站、《北京统计年鉴》2016~2021 年统计数据整理得出。

(二) 高技术产业增加值占比

从表 3-18 可以看出,高技术产业增加值逐年上升,从 2014 年的

4 738.5 亿元增长至 2018 年的 6 978.8 亿元，五年增长 2 238.3 亿元。地区生产总值逐年上升，从 2014 年的 21 944.1 亿元增长至 2018 年的 30 320.0 亿元，五年增长了 8 375.9 亿元，其中 2016 年增长最为迅速，增长了 1 983.4 亿元。高技术产业增加值占地区生产总值（GDP）比重逐年增长，从 2014 年的 21.59% 上升至 2018 年的 23.01%，五年内增长 1.42 个百分点，其中 2016 年增长最快，占比达到 22.73%，比 2015 年上升 0.88 个百分点。综上所述，因为高技术产业增加值的增长速度超过地区生产总值（GDP）的增长速度，所以高技术产业增加值占地区生产总值（GDP）比重在逐年上升，这说明北京市创新发展能力在不断增强。

表 3 – 18　　　　　　　　高技术产业增加值占比

项目	2014 年	2015 年	2016 年	2017 年	2018 年
高技术产业增加值（亿元）	4 738.5	5 175.8	5 833.7	6 376.6	6 976.8
地区生产总值（亿元）	21 944.1	23 685.7	25 669.1	28 014.9	30 320.0
高技术产业增加值占比（%）	21.59	21.85	22.73	22.76	23.01

资料来源：根据《北京统计年鉴》2015 ~ 2019 年统计数据整理得出。

（三）技术合同成交额

技术合同，是当事人就技术开发、转让、咨询或者服务订立的确立相互之间权利和义务的合同。从表 3 – 19 可以看出，2015 ~ 2019 年，技术合同项数平稳增长，从 2015 年的 72 272 项增长至 2019 年的 83 171 项，其中 2017 年增长最快，涨幅达 8.41%。技术合同成交额是指只针对技术开发、技术转让、技术咨询和技术服务类合同的成交额。技术合同成交额不断攀升，由 2015 年的 3 452.6 亿元增长至 2019 年的 5 695.28 亿元，五年涨幅达 64.96%，2016 年、2017 年、2019 年环比涨幅居前，分别达到 14.14%、13.82%、14.88%，2018 年环比涨幅稍慢，但也达到 10.53%。

技术市场作为生产要素市场，既是科技创新的重要支撑，也是科技创新成果转化应用的前沿阵地。技术合同成交总额的不断提高，体现出技术要素市场化配置的速度加快，技术转移效率显著提升，技术市场发展环境进一步优化。

2019 年北京市技术合同项数、技术合同成交总额均居全国第一，这说明促进技术交易和成果转化支持的政策落实良好，科技创新成果的落地转化速度加快。

表 3－19 　　　　　　　　　　　技术合同成交情况

地区	指标	2015 年	2016 年	2017 年	2018 年	2019 年
北京市	合同项数（项）	72 272	74 965	81 266	82 486	83 171
	环比增长速度（%）	—	3.73	8.41	1.5	0.83
	定基增长速度（%）	—	3.73	12.444	14.13	15.08
	技术合同成交总额（亿元）	3 452.6	3 940.8	4 485.3	4 957.8	5 695.28
	环比增长速度（%）	—	14.14	13.82	10.53	14.88
	定基增长速度（%）	—	14.14	29.91	43.6	64.96

资料来源：根据北京技术市场管理办公室、《北京统计年鉴》2016～2021 年统计数据整理得出。

第五节　经济增长国际性分析

北京作为全国的政治、经济和文化中心，拥有会展旅游地"先天优势"，会都模式已初现规模，正成为越来越多国际会议和展览青睐的目的地城市，并朝着"会都"的目标迈进。北京大兴国际机场已于 2019 年 9 月 30 日正式运营，为打造北京成为"会都"，在大兴国际机场周边，临空经济区发展服务中心占地约 60 亩，建筑面积约 18 万平方米，已于 2022 年 6 月底投用。除了高品质的酒店，还建设有约 8 000 平方米的国际会议中心，包括一座可容纳 300～400 人的多功能厅，4 个大、中型会议室，3 个贵宾接待室以及 1 200 平方米的展厅。此外，在酒店周围，还建设有约 1 500 平方米的商业配套。可以预见，未来 3～5 年北京的会展旅游承载力将大幅提升。

一、大型国际会议次数

由表 3－20 可以看出，从 2015～2018 年，北京市每年举办大型国际会议次数超过 3 000 次，最高为 5 000 次。2019 年北京市大型国际会议次数大幅下降主要是因为受政治局势影响。北京文化旅游局指出：随着越来越多的国际会议落地北京，参会人士在北京停留的时间有所延长，在京举办的国际会议中，时间在3~5天的占会议总数近八成。而北京国际会议行业分布广泛，主要以卫生和社会工作类会议、科学研究和技术服务业类会议、信息传输软件和信息技术服务业类会议为主，这将对北京市第三产业发展提供帮助。

表 3 - 20　　　　　　　　　　　大型国际会议次数

地区	指标	2015 年	2016 年	2017 年	2018 年	2019 年
北京市	大型国际会议次数（次）	5 000	5 000	3 000	4 000	1 000

资料来源：根据《北京统计年鉴》2016~2021年统计数据整理得出。

二、国际展览个数

表 3 - 21 表明，从 2015~2019 年，北京市国际展览个数从 2015 年的173 个降至 2019 年的 31 个。这反映出目前北京市展览业存在空间结构布局不合理，服务保障能力、国际化水平有待进一步提高等问题。2018 年 1 月15 日，北京市商务委员会公布的《关于促进展览业创新发展的实施意见》指出：要从优化空间布局、强化品牌建设、培育市场主体、创新发展模式、提高国际化水平、优化发展环境 6 个方面提出 24 项重点任务。力争到 2035年，举办国际展览数量增至 250 个，展览业的专业化、国际化、品牌化、信息化和国际影响力、综合竞争力达到世界先进水平。

表 3 - 21　　　　　　　　　　　国际展览个数

地区	指标	2015 年	2016 年	2017 年	2018 年	2019 年
北京市	国际展览个数（个）	173	159	136	148	31

资料来源：根据《北京统计年鉴》2016~2021年统计数据整理得出。

三、入境旅游人数

北京拥有丰厚的历史文化底蕴、优越的自然旅游资源，以及完善的交通、餐饮、酒店等基础设施。北京以旅游市场导向、城市商务导向、特色资源支撑为动力，为入境研学旅行团组、专业考察团组等提供完善的服务支撑。

2018 年，全市累计接待入境游客 400.4 万人次，比 2017 年增加 7.9 万人次，同比增长 2%（见表 3-22）。其中，以东城区、朝阳区和海淀区接待人数最多，总数占比 83.11%。值得注意的是，城六区中东城区、西城区和朝阳区接待入境旅游人数在 2017 年出现下降。这主要是因为部分重点客源地受局势影响，但是在 2018 年均有回升。

表 3-22 入境旅游人数 单位：万人次

地区	2014 年	2015 年	2016 年	2017 年	2018 年
北京市	427.50	420.00	416.53	392.56	400.43
东城区	114.83	114.20	111.99	110.51	112.08
西城区	29.61	29.00	26.82	21.69	26.42
朝阳区	194.32	190.70	194.05	180.70	173.25
丰台区	8.54	7.40	6.05	6.55	9.50
石景山区	2.48	3.00	2.52	3.68	1.93
海淀区	39.76	38.90	34.67	35.05	36.05
门头沟区	0.86	0.05	0.06	0.06	0.08
房山区	0.05	0.07	0.06	0.04	0.08
通州区	1.07	1.50	0.89	0.69	0.65
顺义区	19.12	20.50	21.89	19.68	24.17
昌平区	4.47	2.60	2.00	2.32	4.16
大兴区	11.30	10.10	13.89	10.49	11.01
怀柔区	0.42	1.20	1.22	0.78	0.69
平谷区	0.22	0.09	0.06	0.02	0.03
密云区	0.27	0.30	0.27	0.23	0.23
延庆区	0.14	0.40	0.08	0.05	0.10

资料来源：根据《北京统计年鉴》2015~2019 年统计数据、《北京区域统计年鉴》2015~2019 年统计数据整理得出。

在京郊城区中，顺义区入境旅游人数最多，2014～2018 年中有三年超过 20 万人次，这与顺义区发展民俗旅游，如祥云小镇等的建设分不开。大兴区入境旅游人数居于第二位，随着大兴机场的建成，大兴区未来入境旅游人数有望进一步增长。另外，门头沟区、房山区、密云区、平谷区和延庆区入境旅游人数五年内均未超过 1 万人次，应把发展重心放在其他产业。

第四章

北京高质量发展之环境维度

第一节　资源与环境分析

一、环境资源

（一）森林覆盖率

森林覆盖率是指森林面积占土地总面积的比率，是反映森林资源的丰富程度和生态平衡状况的重要指标。其计算公式为：森林面积/土地总面积×100%。其中，森林面积包括郁闭度 0.2 以上的乔木林地面积和竹林地面积，国家特别规定的灌木林地面积、农田林网以及四旁（村旁、路旁、水旁、宅旁）林木的覆盖面积。

如表 4-1 所示，2015~2019 年，北京市森林面积逐年增加一万公顷左右，森林覆盖率从 2015 年的 41.6% 提升到了 2019 年的 44%。截至 2019 年，主城六区中海淀区森林面积最大，为 15 403.05 公顷，同时森林覆盖率最高，达到 35.76%，朝阳区森林覆盖率增长速度最快。郊区中平谷区森林覆盖率最高，达到 67.3%，密云区森林面积最大，为 146 131.63 公顷。北京市整体森林覆盖率的不断上升，主要得益于从 2012 年到 2017 年，全市先后实施了百万亩平原造林工程和平原地区重点区域绿化建设工程。

表 4 - 1　　　　　　　　　　　　森林覆盖率

地区	指标	2015 年	2016 年	2017 年	2018 年	2019 年
北京市	森林面积（公顷）	744 956.1	756 000.7	767 665.1	777 603.5	791 972
	森林覆盖率（%）	41.6	42.3	43	43.5	44
东城区	森林面积（公顷）	552.44	552.44	552.44	552.44	552.44
	森林覆盖率（%）	13.2	13.2	13.2	13.2	13.2
西城区	森林面积（公顷）	431.7	431.7	431.7	431.7	431.7
	森林覆盖率（%）	8.54	8.54	8.54	8.54	8.54
朝阳区	森林面积（公顷）	9 542.37	9 724.4	9 982.2	10 170.37	10 761.57
	森林覆盖率（%）	20.97	21.37	21.94	22.35	23.65
丰台区	森林面积（公顷）	8 251.19	8 275.1	8 304.55	8 441.16	8 466.48
	森林覆盖率（%）	26.98	27.06	27.16	27.61	27.69
石景山区	森林面积（公顷）	2 382.29	2 382.05	2 381.83	2 386.75	2 448.75
	森林覆盖率（%）	28.26	28.26	28.26	28.32	29.06
海淀区	森林面积（公顷）	15 365.32	15 407.14	15 334.37	15 350.36	15 403.05
	森林覆盖率（%）	35.68	35.78	35.61	35.65	35.76
门头沟区	森林面积（公顷）	60 632.52	62 775.14	66 346.14	67 627.97	69 353.44
	森林覆盖率（%）	31.72	43.27	45.73	46.61	47.8
房山区	森林面积（公顷）	63 124.82	66 062.97	67 794.17	69 703.14	71 573.04
	森林覆盖率（%）	31.72	33.2	34.07	35.03	35.97
通州区	森林面积（公顷）	25 734.45	25 804.59	26 205.37	27 485.53	29 932.49
	森林覆盖率（%）	28.84	28.47	28.91	30.32	33.02
顺义区	森林面积（公顷）	29 412.87	30 779.52	31 208.29	31 343.54	32 529.86
	森林覆盖率（%）	28.84	30.18	30.6	30.73	31.89
昌平区	森林面积（公顷）	62 070.5	62 607.92	63 079.2	63 566.98	64 025.59
	森林覆盖率（%）	46.2	46.6	46.95	47.31	47.65
大兴区	森林面积（公顷）	27 845.9	27 998.67	29 946.93	30 571.44	31 296.86
	森林覆盖率（%）	26.87	27.02	28.9	29.5	30.2
怀柔区	森林面积（公顷）	119 500.89	120 168.28	121 089.24	122 918.29	124 805.76
	森林覆盖率（%）	56.3	56.61	57.04	57.9	58.79

地区	指标	2015 年	2016 年	2017 年	2018 年	2019 年
平谷区	森林面积（公顷）	63 072.69	63 196.26	63 606.59	63 849.01	63 944.58
	森林覆盖率（%）	66.38	66.51	66.94	67.2	67.3
密云区	森林面积（公顷）	142 482.27	143 380.43	144 374	145 012.52	146 131.63
	森林覆盖率（%）	63.91	64.31	64.76	65.05	65.55
延庆区	森林面积（公顷）	114 553.84	116 454.08	117 027.26	118 192.3	120 314.77
	森林覆盖率（%）	57.46	58.41	58.7	59.28	60.34

资料来源：《北京统计年鉴》（2021）；北京市园林绿化局官方网站—统计信息；2016~2021 年北京市森林资源情况。

2018 年 1 月，《北京市新一轮百万亩造林绿化行动计划》审议通过，提出到 2022 年全市新增森林绿地湿地面积 100 万亩，其中新增森林 93.8 万亩。工程规划期为 2018~2022 年。2018 年开展的新一轮百万亩造林绿化工程涉及全市 16 个区，建设任务主要安排在核心区、中心城区、平原地区和浅山区。在突出高质量发展的同时坚持用生态的办法解决生态问题。

（二）人均绿地面积

人均绿地面积是城市中每个居民平均占有公共绿地的面积，包括向公众开放的市级、区级、居住区级公园、小游园、街道广场绿地，以及植物园、动物园、特种公园等，是反映城市居民生活环境和生活质量的重要指标。其计算公式为：人均绿地面积＝绿地面积/区域常住人口，其中，绿地面积是指建成区用于绿化的土地面积，不包括屋顶绿化、垂直绿化和覆土小于 2 米的土地。

对于目前以减量增质为发展目标的北京市来说，人均绿地面积是建设宜居首都的重要指标。如表 4-2 所示：2015~2019 年，北京市人均绿地面积由 39.84 平方米/人增长至 43.74 平方米/人。2019 年，石景山区人均绿地面积最大，达到 75.92 平方米/人，朝阳区为绿地面积增加最多的区，从 2015 年的 14 497.35 公顷增长到了 2019 年的 15 660.13 公顷。与北京整体人均绿地面积逐年增长的趋势相反，房山区、通州区、昌平区、大兴区、怀柔区、平谷区、延庆区在 2016 年，人均绿地面积都有不同程度的降低，同时绿地面积却相对上年增长，这应是人口变化所致，其中通州区、怀柔区、延庆区在 2018 年人均绿地面积回升，并有继续增加的趋势。主城六区中除朝阳区外，其余区绿地面积增长幅度均不大，但人均绿地面积增长较快。主要因为：在《"十三五"北京社会治理规划》中，为了实现坚决淘汰劳动密集型的低端产业的目标，实施了疏解北京主城六区常住人口的行动。另外，2012～2017 年，在北京全市范围内实施了平原地区重点区域绿化建设工程。

表 4 - 2　　　　　　　　　　　　　　人均绿地面积

地区	指标	2015 年	2016 年	2017 年	2018 年	2019 年
北京市	绿地面积（公顷）	81 305.31	82 112.55	83 501.34	85 286.37	88 704.05
	人均绿地面积（平方米/人）	39.84	40.17	41.00	42.15	43.74
东城区	绿地面积（公顷）	1 092.32	1 092.94	1 101.33	1 106.54	1 107.59
	人均绿地面积（平方米/人）	12.07	12.45	12.94	13.46	13.95
西城区	绿地面积（公顷）	1 043.85	1 047.62	1 060.83	1 069.01	1 071.28
	人均绿地面积（平方米/人）	8.04	8.32	8.70	9.07	9.42
朝阳区	绿地面积（公顷）	14 497.35	14 646.13	14 880.76	15 068.93	15 660.13
	人均绿地面积（平方米/人）	36.66	37.98	39.80	41.80	45.09
丰台区	绿地面积（公顷）	5 991.91	6 021.94	6 031.64	6 063.35	6 126.33
	人均绿地面积（平方米/人）	25.78	26.70	27.59	28.80	30.25
石景山区	绿地面积（公顷）	4 207.65	4 256.45	4 297.85	4 322.27	4 327.64
	人均绿地面积（平方米/人）	64.53	67.14	70.23	73.26	75.92
海淀区	绿地面积（公顷）	12 087.98	12 136.32	12 154.82	12 228.91	13 275.64
	人均绿地面积（平方米/人）	34.17	35.26	36.46	38.00	41.01
门头沟区	绿地面积（公顷）	1 503.53	1 524.20	1 593.56	1 650.40	1 688.59
	人均绿地面积（平方米/人）	62.31	62.37	62.39	62.41	61.17
房山区	绿地面积（公顷）	7 934.54	7 984.72	8 011.99	8 037.15	8 076.37
	人均绿地面积（平方米/人）	75.86	72.85	69.43	67.65	64.35
通州区	绿地面积（公顷）	5 377.48	5 392.37	5 647.84	6 337.69	7 196.49
	人均绿地面积（平方米/人）	49.05	37.76	37.45	40.16	42.96

续表

地区	指标	2015 年	2016 年	2017 年	2018 年	2019 年
顺义区	绿地面积（公顷）	7 283.42	7 308.71	7 357.71	7 430.53	7 483.48
	人均绿地面积（平方米/人）	73.29	69.77	66.93	65.20	60.94
昌平区	绿地面积（公顷）	6 123.02	6 284.87	6 457.05	6 630.89	6 758.52
	人均绿地面积（平方米/人）	44.71	44.47	44.16	44.04	43.46
大兴区	绿地面积（公顷）	7 413.89	7 625.95	7 951.10	7 964.95	8 304.68
	人均绿地面积（平方米/人）	47.46	45.02	45.15	44.35	43.99
怀柔区	绿地面积（公顷）	2 131.29	2 144.58	2 261.14	2 367.30	2 395.53
	人均绿地面积（平方米/人）	55.50	54.57	55.83	57.18	57.77
平谷区	绿地面积（公顷）	1 517.15	1 524.55	1 556.67	1 571.09	1 580.86
	人均绿地面积（平方米/人）	35.87	34.89	34.75	34.45	34.22
密云区	绿地面积（公顷）	1 527.06	1 548.33	1 564.18	1 588.22	1 732.27
	人均绿地面积（平方米/人）	31.88	32.06	31.92	32.09	34.44
延庆区	绿地面积（公顷）	1 572.87	1 572.87	1 572.87	1 849.14	1 918.65
	人均绿地面积（平方米/人）	50.09	48.10	46.26	53.14	53.74

资料来源：北京市园林绿化局官方网站统计信息：2015～2019 年北京市城市绿化资源情况。

绿色发展是首都高质量发展的重要基础，对此，北京市政府制定了《北京市新一轮百万亩造林绿化行动计划》。

二、资源利用效率

（一）单位 GDP 能耗

单位 GDP 能耗是反映能源消费水平和节能降耗状况的主要指标，采用一次能源供应总量与该地区生产总值（GDP）的比率来计算，是一个能源利用效率指标。该指标说明一个国家或地区经济活动中对能源的利用程度，反映经济结构和能源利用效率的情况。其中能源消费总量是指一定时期内区域物质生产部门、非物质生产部门消费的各种能源的总和。

如表 4－3 所示，2015～2019 年，北京市单位 GDP 能耗在逐年降低，从 0.338 吨标准煤/万元降低到 0.230 吨标准煤/万元，其中 2015～2016 年降低幅度最大，降幅达到了 0.063 吨标准煤/万元。2019 年，主城区中单位 GDP 能耗最低的区是西城区，为 0.076 吨标准煤/万元，单位 GDP 能耗最高的区为丰台区，为 0.256 吨标准煤/万元，2015～2019 年单位 GDP 能耗降幅最大的区为石景山区，降幅达到 0.144 吨标准煤/万元。郊区中 2019 年单位 GDP 能耗最低的区为北京经济技术开发区，为 0.125 吨标准煤/万元，最高的区为房山区，为 1.048 吨标准煤/万元，2015～2019 年，房山区为单位 GDP 能耗降幅最大的区，达到 0.455 吨标准煤/万元。

表 4 - 3 单位 GDP 能耗

地区	指标	2015 年	2016 年	2017 年	2018 年	2019 年
北京市	能源消费总量（万吨标准煤）	6 852.6	6 961.7	7 132.8	7 315.4	7 360.32
	单位 GDP 能耗（吨标准煤/万元）	0.338	0.275	0.264	0.241	0.230
东城区	能源消费总量（万吨标准煤）	290.7	299.9	292.8	301.0	311.40
	单位 GDP 能耗（吨标准煤/万元）	0.157	0.142	0.133	0.124	0.107
西城区	能源消费总量（万吨标准煤）	385.8	390.45	394.50	400.9	380.60
	单位 GDP 能耗（吨标准煤/万元）	0.118	0.111	0.101	0.094	0.076
朝阳区	能源消费总量（万吨标准煤）	856.6	874.4	886.1	902.3	907.80
	单位 GDP 能耗（吨标准煤/万元）	0.178	0.169	0.1572	0.148	0.128
丰台区	能源消费总量（万吨标准煤）	437.5	445.1	453.4	464.0	467.70
	单位 GDP 能耗（吨标准煤/万元）	0.364	0.343	0.3178	0.299	0.256
石景山区	能源消费总量（万吨标准煤）	132.2	127.9	124.5	127.0	124.30
	单位 GDP 能耗（吨标准煤/万元）	0.298	0.265	0.233	0.217	0.154

续表

地区	指标	2015 年	2016 年	2017 年	2018 年	2019 年
海淀区	能源消费总量（万吨标准煤）	717.9	725.7	739.6	748.5	714.80
	单位 GDP 能耗（吨标准煤/万元）	0.146	0.135	0.125	0.116	0.090
门头沟区	能源消费总量（万吨标准煤）	66.3	65.5	61.8	62.5	61.30
	单位 GDP 能耗（吨标准煤/万元）	0.451	0.415	0.354	0.332	0.246
房山区	能源消费总量（万吨标准煤）	850.3	766.6	797.7	824.7	850.30
	单位 GDP 能耗（吨标准煤/万元）	1.503	1.264	1.170	1.083	1.048
通州区	能源消费总量（万吨标准煤）	299.1	300.2	292.4	298.1	312.00
	单位 GDP 能耗（吨标准煤/万元）	0.487	0.445	0.386	0.358	0.295
顺义区	能源消费总量（万吨标准煤）	1 123.8	1 197.7	1 265.1	1 323.5	1 336.40
	单位 GDP 能耗（吨标准煤/万元）	0.765	0.753	0.737	0.710	0.671
昌平区	能源消费总量（万吨标准煤）	345.2	346.4	351.9	359.7	347.90
	单位 GDP 能耗（吨标准煤/万元）	0.496	0.460	0.419	0.399	0.321
大兴区	能源消费总量（万吨标准煤）	289.0	292.9	290.2	295.2	330.30
	单位 GDP 能耗（吨标准煤/万元）	0.545	0.502	0.450	0.421	0.364
怀柔区	能源消费总量（万吨标准煤）	110.6	107.6	112.4	114.5	117.30
	单位 GDP 能耗（吨标准煤/万元）	0.460	0.415	0.393	0.370	0.293

续表

地区	指标	2015 年	2016 年	2017 年	2018 年	2019 年
平谷区	能源消费总量（万吨标准煤）	116.8	117.2	115.0	112.9	127.20
	单位 GDP 能耗（吨标准煤/万元）	0.580	0.537	0.492	0.450	0.433
密云区	能源消费总量（万吨标准煤）	121.5	122.3	122.6	133.9	127.50
	单位 GDP 能耗（吨标准煤/万元）	0.523	0.487	0.441	0.446	0.374
延庆区	能源消费总量（万吨标准煤）	66.2	67.3	66.6	70.2	66.70
	单位 GDP 能耗（吨标准煤/万元）	0.595	0.549	0.489	0.462	0.341
北京经济技术开发区	能源消费总量（万吨标准煤）	163.5	175.0	180.5	195.4	241.90
	单位 GDP 能耗（吨标准煤/万元）	0.146	0.144	0.132	0.129	0.125

资料来源:《北京统计年鉴》(2021);《北京区域统计年鉴》(2016~2021)。

影响单位 GDP 能耗的因素主要有两方面:一是经济增长方式。集约型经济增长方式单位 GDP 能耗要小于粗放型经济增长方式。二是区域产业结构。一般来说,第三产业增加值占 GDP 比重较高的,单位 GDP 能耗也越小。2015 年以来北京单位 GDP 能耗持续降低及上文提到的 2015~2016 年北京市单位 GDP 能耗降幅较大的情况可主要归因于在京津冀协同发展、疏解非首都功能的背景下 2015 年《北京市新增产业的禁止和限制目录（2015 版）》的实施、大量制造业企业的迁出及高精尖企业的入驻。

（二）单位 GDP 水耗

单位 GDP 水耗是指每生产一个单位的地区生产总值（GDP）的用水量,是反映水资源消费水平和节水降耗状况的指标。该指标说明一个地区经济活动中对水资源的利用程度,反映经济结构和水资源利用效率的变化。其计算公式为:单位 GDP 水耗 = 总用水量/地区生产总值（GDP）。

如表 4 - 4 所示，2015~2019 年，北京市整体单位 GDP 水耗呈不断下降的趋势，从 2015 年的 15.42 立方米/万元降低至 2019 年的 11.76 立方米/万元，其中 2016~2017 年下降幅度最大，降幅达到了 1.35 立方米/万元。

表 4 - 4　　　　　　　　　单位 GDP 水耗

地区	指标	2015 年	2016 年	2017 年	2018 年	2019 年
北京市	单位 GDP 水耗（立方米/万元）	15.42	14.35	13.22	11.87	11.76

资料来源：《北京统计年鉴》（2021）。

北京市整体单位 GDP 水耗的不断下降主要得益于 2012 年起实施的《北京市节约用水办法》、2014 年第二批调整推出高耗水企业以及当年 7 月 1 日起实施的阶梯水价等措施。虽然 2014 年以来减量集约节水工作取得了成果，但水资源短缺仍然是北京目前面临的十分严重的问题。

第二节　环境治理分析

一、国家主体

（一）节能环保支出占一般公共预算支出比例

节能环保支出是指政府为节约能源资源、发展循环经济、保护生态环境提供物质基础和技术保障等活动提供的财政预算支出。而一个区域的节能环保预算占一般公共预算支出的比例则可体现政府对节能环保事业的重视程度以及当时政府的工作重心，可间接反映当地节约减排、保护环境的整体情况。其计算公式为：节能环保支出占一般公共预算支出的比例＝节能环保支出/一般公共预算支出。

如表 4 - 5 所示，北京市节能环保支出占一般公共预算支出的比例自 2015~2017 年逐年上升，从 2015 年的 5.29% 上升到 2017 年的 6.72%，但 2018~2019 年均有所下降，2019 年下降至 4.17%。截至 2019 年，主城区中海淀区的节能环保支出占一般公共预算支出的比例最高，为3.83%。郊区中密云区的节能环保支出占一般公共预算支出的比例最高，为9.30%，大兴区的节能环保支出占一般公共预算支出的比例最低，为2.05%。

各区节能环保支出主要用于能源节约利用、天然林保护、污染减排、退耕还林、环境监测与监察、环境保护管理事务、污染防治、可再生能源、自然生态保护、能源管理事务、资源综合利用等方面。节能环保支出的逐年增加体现北京市对环保重视程度的不断加深。但2018年节能环保支出占一般公共预算支出的比例有所下降，主要原因有两点：一是有些投入是仅需一次性投入但会带来持续效益，第二年未必需要如此规模的投入，如污水处理厂的修建就表现为第二年节能环保支出相对减少；二是一般公共预算支出也是浮动的，如果恰好此年一般公共预算支出增幅大于节能环保的增幅，同样也会导致占比的减少。

表4-5　　　　　　节能环保支出占一般公共预算支出比例　　　　单位：万元

地区	指标	2015 年	2016 年	2017 年	2018 年	2019 年
北京市	节能环保支出（万元）	3 032 612	3 633 771	4 584 403	3 994 452	3 088 057
	一般公共预算支出（万元）	57 377 011	64 067 682	68 245 284	74 714 332	74 081 876
	节能环保支出占财政支出比例（%）	5.29	5.67	6.72	5.34	4.17
东城区	节能环保支出（万元）	49 150	39 523	41 864	26 598	21 042
	一般公共预算支出（万元）	2 371 578	2 375 385	2 438 281	2 515 731	2 593 171
	节能环保支出占财政支出比例（%）	2.07	1.66	1.72	1.06	0.81
西城区	节能环保支出（万元）	121 554	54 595	44 516	25 057	45 667
	一般公共预算支出（万元）	4 749 127	4 260 851	4 307 720	4 297 074	4 278 012
	节能环保支出占财政支出比例（%）	2.56	1.28	1.03	0.58	1.07
朝阳区	节能环保支出（万元）	188 671	178 821	181 000	196 764	200 510
	一般公共预算支出（万元）	4 436 484	4 530 253	5 133 786	5 632 186	6 580 076
	节能环保支出占财政支出比例（%）	4.25	3.95	3.53	3.49	3.05

续表

地区	指标	2015 年	2016 年	2017 年	2018 年	2019 年
丰台区	节能环保支出（万元）	83 633	225 002	124 440	30 379	28 432
	一般公共预算支出（万元）	2 079 263	1 941 102	2 274 106	2 477 544	2 527 027
	节能环保支出占财政支出比例（%）	4.02	11.59	5.47	1.23	1.13
石景山区	节能环保支出（万元）	22 899	39 497	31 794	14 828	44 642
	一般公共预算支出（万元）	913 285	979 702	986 534	1 245 731	1 170 278
	节能环保支出占财政支出比例（%）	2.51	4.03	3.22	1.19	3.81
海淀区	节能环保支出（万元）	286 542	213 368	521 071	107 738	266 878
	一般公共预算支出（万元）	4 967 123	5 773 987	6 190 723	6 593 246	6 970 253
	节能环保支出占财政支出比例（%）	5.77	3.70	8.42	1.63	3.83
门头沟区	节能环保支出（万元）	37 211	48 734	46 145	37 747	27 856
	一般公共预算支出（万元）	933 067	875 165	952 050	1 063 385	1 109 059
	节能环保支出占财政支出比例（%）	3.99	5.57	4.85	3.55	2.51
房山区	节能环保支出（万元）	160 070	313 340	267 561	382 272	131 370
	一般公共预算支出（万元）	1 835 709	2 241 952	2 177 075	2 587 255	2 494 048
	节能环保支出占财政支出比例（%）	8.72	13.98	12.29	14.78	5.27
通州区	节能环保支出（万元）	72 878	348 318	578 189	241 756	168 293
	一般公共预算支出（万元）	1 983 065	3 384 407	3 206 504	4 054 044	3 598 016
	节能环保支出占财政支出比例（%）	3.68	10.29	18.03	5.96	4.68
顺义区	节能环保支出（万元）	131 820	169 920	224 662	449 647	144 727
	一般公共预算支出（万元）	2 251 054	2 390 927	2 431 006	3 150 116	3 058 742
	节能环保支出占财政支出比例（%）	5.86	7.11	9.24	14.27	4.73
昌平区	节能环保支出（万元）	135 762	77 127	200 112	192 107	71 684
	一般公共预算支出（万元）	1 857 364	1 602 883	1 846 993	1 920 285	2 232 943
	节能环保支出占财政支出比例（%）	7.31	4.81	10.83	10.00	3.21

续表

地区	指标	2015 年	2016 年	2017 年	2018 年	2019 年
大兴区	节能环保支出（万元）	134 029	109 929	135 894	149 346	52 428
	一般公共预算支出（万元）	2 917 991	2 394 469	2 290 216	2 599 185	2 563 258
	节能环保支出占财政支出比例（%）	4.59	4.59	5.93	5.75	2.05
怀柔区	节能环保支出（万元）	74 271	60 725	68 752	61 960	66 525
	一般公共预算支出（万元）	1 069 799	1 074 411	1 351 031	1 533 677	1 472 445
	节能环保支出占财政支出比例（%）	6.94	5.65	5.09	4.04	4.52
平谷区	节能环保支出（万元）	59 751	98 738	116 413	71 349	47 031
	一般公共预算支出（万元）	1 072 485	1 212 345	1 311 741	1 323 096	1 270 621
	节能环保支出占财政支出比例（%）	5.57	8.14	8.87	5.39	3.70
密云区	节能环保支出（万元）	82 143	97 504	141 447	198 784	152 144
	一般公共预算支出（万元）	1 102 121	1 135 066	1 509 179	1 806 818	1 636 764
	节能环保支出占财政支出比例（%）	7.45	8.59	9.37	11.00	9.30
延庆区	节能环保支出（万元）	48 059	47 461	63 037	38 865	65 130
	一般公共预算支出（万元）	838 319	924 701	1 215 872	1 401 207	1 283 115
	节能环保支出占财政支出比例（%）	5.73	5.13	5.18	2.77	5.08

资料来源：《北京统计年鉴》（2021）；《北京区域统计年鉴》（2016~2020）。

（二）PM2.5 年均浓度（年日均值）

PM2.5 又称细粒、细颗粒、细颗粒物。细颗粒物指环境空气中空气动力学当量直径小于等于 2.5 微米的颗粒物。它能较长时间悬浮于空气中，其在空气中含量浓度越高，就代表空气污染越严重。

如表 4-6 所示，2015~2019 年，北京市 PM2.5 年日均值持续下降，从2015 年的 80.6 微克/立方米大幅降低至 2019 年的 42.0 微克/立方米，其中2016~2017 年降幅最大，达到了 15.0 微克/立方米。截至 2019 年，主城区中东城区和西城区的 PM2.5 年日均值最高，均为 44.0 微克/立方米，海淀区

PM2.5 年日均值最低，为 40.0 微克/立方米，改善幅度最大的是丰台区，PM2.5 年日均值从 2015 年的 86.7 微克/立方米降低到 2019 年的 42.0 微克/立方米，降幅达到 44.7 微克/立方米。2019 年，郊区中 PM2.5 年日均值最高的是通州区，为 46.0 微克/立方米，最低的区为密云区，为 34.0 微克/立方米，降幅最大的区为房山区和大兴区，PM2.5 年日均值分别从 2015 年的 96.2 微克/立方米和 96.4 微克/立方米降低到 2019 年的 42.0 微克/立方米和 44.0 微克/立方米，降幅达到 54.2 微克/立方米和 52.4 微克/立方米。来源方面，2017 年，北京市全年 PM2.5 主要来源中本地排放占 2/3，区域传输占 1/3，重污染日区域传输占比超过 50%。在本地排放中，移动源占比最大，达 45%。此外，扬尘源、工业源、生活面源和燃煤源分别占 16%、12%、12% 和 3%，农业及自然源等其他约占 12%；移动源中，在京行驶的柴油车占比最大。

表 4-6　　　　　　　　PM2.5 年均浓度　　　　　　单位：微克/立方米

地区	2015 年	2016 年	2017 年	2018 年	2019 年
北京市	80.6	73.0	58.0	51.0	42
东城区	84.3	77.0	60.0	52.0	44
西城区	83.0	78.0	60.0	52.0	44
朝阳区	83.4	75.0	58.0	52.0	43
丰台区	86.7	79.0	62.0	53.0	42
石景山区	83.5	78.0	61.0	53.0	43
海淀区	80.0	72.0	56.0	50.0	40
门头沟区	77.0	68.0	54.0	47.0	36
房山区	96.2	83.0	57.0	53.0	42
通州区	92.5	80.0	67.0	55.0	46
顺义区	81.4	71.0	57.0	50.0	41
昌平区	70.6	61.0	52.0	46.0	37
大兴区	96.4	89.0	61.0	53.0	44
怀柔区	70.1	61.0	49.0	44.0	35

地区	2015 年	2016 年	2017 年	2018 年	2019 年
平谷区	78.8	70.0	59.0	47.0	40
密云区	67.8	61.0	50.0	46.0	34
延庆区	61.0	60.0	49.0	48.0	37

资料来源：《北京区域统计年鉴》(2016～2020)。

北京市长期被大气污染所困扰，2013 年雾霾天气频现便是最直接的体现。面对空气问题，北京市先后采取多项措施，2013 年开始进行的压减燃煤、治污减排，2014《北京市大气污染防治条例》的颁布，2015 年开始进行的控车减油，2017 年起的一微克行动，2018 打响的蓝天保卫战，均为北京市大气污染防治工作作出了贡献，同时也是北京市高质量发展下实现绿色发展目标的重要体现。

二、企业主体

(一) 污水处理率

污水处理率指经过处理的生活污水、工业废水量占污水排放总量的比重。其计算公式为：污水处理率＝污水处理量/污水排放总量×100%。该指标反映了一个地区对污水处理的能力及对环境治理的深入程度。

如表 4－7 所示，北京市整体污水处理率从 2015 年的 87.9% 增加到 2019 年的 94.5%，变化最大的是 2016 年到 2017 年，增幅为 2.4 个百分点。城六区污水排放总量在逐年增加，但同时污水处理率从 2015 年的 97.5% 增长至 2019 年的 99.3%。截至 2019 年，郊区中房山区的城乡污水处理率最低，为 81.9%，延庆区的城乡污水处理率最高，为 86.1%，昌平区为增加幅度最大的区，从 2015 年的 53.1% 增长到 2019 年的 86.7%，增幅达到 33.6%。值得注意的是，北京市经济开发区的污水处理率 2015 年至 2019 年均为 100%。

表 4－7 污水处理率

地区	指标	2015 年	2016 年	2017 年	2018 年	2019 年
北京市	污水处理量（万立方米）	144 453	152 807	173 113	190 358	199 677.6
	污水排放总量（万立方米）	164 217	169 748	187 267	203 703	211 209.1
	污水处理率（%）	87.9	90.0	92.4	93.4	94.5
城六区	污水处理量（万立方米）	104 205	109 456	123 413	131 193	135 925.4
	污水排放总量（万立方米）	106 930	111 690	125 292	132 520	136 883.6
	污水处理率（%）	97.5	98.0	98.5	99.0	99.3
门头沟区	污水处理量（万立方米）	1 115	1 251	1 527	1 549	1 856.9
	污水排放总量（万立方米）	1 666	1 734	1 802	1 823	2 097.9
	污水处理率（%）	66.9	72.1	84.7	85.0	88.5
房山区	污水处理量（万立方米）	6 650	7 641	8 161	8 679	8 961.6
	污水排放总量（万立方米）	8 959	9 650	10 246	10 801	10 946.4
	污水处理率（%）	74.2	79.2	79.7	80.4	81.9
通州区	污水处理量（万立方米）	5 860	5 914	7 057	8 686	9 922.1
	污水排放总量（万立方米）	9 000	9 075	9 100	10 999	11 773.8
	污水处理率（%）	65.1	65.2	77.5	79.0	84.3
顺义区	污水处理量（万立方米）	5 164	5 173	6 155	8 030	8 291.6
	污水排放总量（万立方米）	6 567	6 611	7 790	9 803	9 979.1
	污水处理率（%）	78.6	78.2	79.0	81.9	83.1
昌平区	污水处理量（万立方米）	5 136	5 773	7 845	10 605	12 034.6
	污水排放总量（万立方米）	9 679	9 020	10 691	12 735	13 875.0
	污水处理率（%）	53.1	64.0	73.4	83.3	86.7
大兴区	污水处理量（万立方米）	5 022	5 679	5 887	6 344	7 320.6
	污水排放总量（万立方米）	7 727	7 787	7 790	8 104	8 845.0
	污水处理率（%）	65.0	72.9	75.6	78.3	82.8
怀柔区	污水处理量（万立方米）	2 262	2 727	2 697	3 098	3 035.6
	污水排放总量（万立方米）	2 976	3 451	3 062	3 633	3 444.9
	污水处理率（%）	76.0	79.0	88.1	85.3	88.1
平谷区	污水处理量（万立方米）	2 324	2 381	2 898	2 941	2 849.2
	污水排放总量（万立方米）	3 031	3 040	3 386	3 417	3 287.4
	污水处理率（%）	76.7	78.3	85.6	86.1	86.7
密云区	污水处理量（万立方米）	1 525	1 654	1 866	1 982	1 975.4
	污水排放总量（万立方米）	2 151	2 223	2 254	2 371	2 385.5
	污水处理率（%）	70.9	74.4	82.8	83.6	82.8

续表

地区	指标	2015 年	2016 年	2017 年	2018 年	2019 年
延庆区	污水处理量（万立方米）	1 270	1 326	1 445	1 483	1 722.0
	污水排放总量（万立方米）	1 610	1 635	1 693	1 728	1 908.0
	污水处理率（%）	78.9	81.1	85.4	85.8	90.2
北京经济技术开发区	污水处理量（万立方米）	3 921	3 832	4 163	5 768	5 782.6
	污水排放总量（万立方米）	3 921	3 832	4 163	5 768	5 782.6
	污水处理率（%）	100.0	100.0	100.0	100.0	100.0

资料来源：《北京统计年鉴》（2021）；《北京区域统计年鉴》（2016～2020）。

控制污染排放并采取行之有效的污水处理与回用技术是改善区域水环境、提高居民生活质量的关键，北京市城乡污水处理率的不断增加可归功于北京市先后于 2014 年实施的水环境治理第一个三年行动方案，2017 年起实施的《北京市农村污水处理和再生水利用项目实施暂行办法》和 2017 年进行的水环境治理第二个三年行动方案，其中，《北京市农村污水处理和再生水利用项目实施暂行办法》颁布实施的年份正是北京市污水处理率提升最高的一年。

（二）单位 GDP 废水排放量

单位 GDP 废水排放量是一定时期区域废水排放总量与区域生产总值（GDP）的比率，反映了区域经济活动产生废水量的多少，其计算公式为：单位 GDP 废水排放量＝废水排放总量/区域生产总值。其中废水排放总量是指一定时期内，区域物质生产部门、非物质生产部门排放的各种废水的总和。

如表 4－8 所示，2014～2016 年北京市单位 GDP 废水排放量在逐年降低，从 2014 年的 7.36 立方米/万元降低至 2016 年的 6.61 立方米/万元，其中 2014～2015 年降幅最大，达到 0.4286 立方米/万元，但 2017～2018 年均较前一年有所增加，2018 年单位 GDP 水耗为 6.72 立方米/万元。2014～2018 年，城六区单位 GDP 废水排放量总体在不断减少，在 2017 年有小幅反弹，但在随后的 2018 年又回落到 6.20 立方米/万元。截至 2018 年，郊区中房山区单位 GDP 废水排放量最高，为 14.18 立方米/万元，北京经济技术开发区单位 GDP 废水排放量最低，为 3.82 立方米/万元，2014～2018 年降幅最大的区为延庆区，达到 4.26 立方米/万元，值得注意的是，房山区在 2014～2016 年三年中不降反升，但在 2017 年及 2018 年有所回落。

北京市整体单位废水排放量的逐年下降主要可归功于"十一五"以来特别是《北京城市总体规划（2016 年—2035 年）》中关于疏解高污染高耗能企业，引进高技术高附加值产业政策的实施，使得全市生产总量不断上升的同时，工业废水排放量降低。

表 4－8　　　　　　　　　　单位 GDP 废水排放量

地区	指标	2014 年	2015 年	2016 年	2017 年	2018 年
北京市	废水排放量（万立方米）	161 548	164 217	169 748	187 267	203 703
	单位 GDP 废水排放量（立方米/万元）	7.36	6.93	6.61	6.68	6.72
城六区	废水排放量（万立方米）	104 440	106 930	111 690	125 292	132 520
	单位 GDP 废水排放量（立方米/万元）	6.75	6.60	6.20	6.36	6.20
门头沟区	废水排放量（万立方米）	1 592	1 666	1 734	1 802	1 823
	单位 GDP 废水排放量（立方米/万元）	11.79	11.34	10.98	10.33	9.96
房山区	废水排放量（万立方米）	7 816	8 959	9 650	10 246	10 801
	单位 GDP 废水排放量（立方米/万元）	14.9	15.84	15.91	15.03	14.18
通州区	废水排放量（万立方米）	8 972	9 000	9 075	9 100	10 999
	单位 GDP 废水排放量（立方米/万元）	16.00	14.65	13.45	12.01	13.21
顺义区	废水排放量（万立方米）	7 388	6 567	6 611	7 790	9 803
	单位 GDP 废水排放量（立方米/万元）	5.44	4.47	4.15	4.54	5.26
昌平区	废水排放量（万立方米）	9 524	9 679	9 020	10 691	12 735
	单位 GDP 废水排放量（立方米/万元）	14.8	13.90	11.97	12.73	14.12

续表

地区	指标	2014 年	2015 年	2016 年	2017 年	2018 年
大兴区	废水排放量（万立方米）	7 726	7 727	7 787	7 790	8 104
	单位 GDP 废水排放量（立方米/万元）	15.74	14.56	13.35	12.09	11.57
怀柔区	废水排放量（万立方米）	3 254	2 976	3 451	3 062	3 633
	单位 GDP 废水排放量（立方米/万元）	14.61	12.37	13.30	10.71	11.75
平谷区	废水排放量（万立方米）	3 030	3 031	3 040	3 386	3 417
	单位 GDP 废水排放量（立方米/万元）	16.34	15.05	13.93	14.49	13.61
密云区	废水排放量（万立方米）	2 143	2 151	2 223	2 254	2 371
	单位 GDP 废水排放量（立方米/万元）	10.02	9.25	8.85	8.10	7.90
延庆区	废水排放量（万立方米）	1 584	1 610	1 635	1 693	1 728
	单位 GDP 废水排放量（立方米/万元）	15.64	14.48	13.33	12.43	11.38
北京经济技术开发区	废水排放量（万立方米）	4 078	3 921	3 832	4 163	5 768
	单位 GDP 废水排放量（立方米/万元）	3.95	3.51	3.16	3.05	3.82

资料来源：《北京统计年鉴》（2019）；《北京区域统计年鉴》（2015～2019）。

第五章

北京高质量发展之社会维度

第一节　人口状况分析

《北京城市总体规划（2016 年－2035 年)》明确了人口、建设用地、水、能源、雾霾等全面减量发展的各项具体目标，显然人口规模控制和人口素质提高成为北京长期的目标和任务。

一、人口规模分析

（一）常住人口规模

庞大的人口基数已经让北京城拥挤不堪。开展疏解整治促提升行动以来，大量的劳动密集型产业和制造加工企业输出北京，人员随产业输出，实现了北京常住人口连续两年负增长，这与产业输出是分不开的。减量发展，持续开展非首都功能疏解任务，有效控制人口数量，是北京"高精尖"产业发展的必然趋势。减量发展在人口控制方面要求的是相对减量发展，是相对于经济发展的减量，是疏解非首都功能背景下的减量，同时还要不断提高人口素质。从表 5－1 统计数据中可以看出北京市常住人口从 2015 年的 2 170.5

万人到 2016 年的 2 172.9 万人有小幅度增长，2016 年开始逐年减少，2019 年有所回升，说明人口数量在逐步得到控制。从城六区总人口来看，2015 年达到 1 282.8 万人以后人口开始逐年减少；从表 5 - 2 来看，城六区常住人口从 2015 年的 1 282.8 万人减少到 2019 年的 1 147.6 万人，共减少 135.2 万人，减少 10.54%，这说明北京高质量发展在人口规模控制方面日见成效。

表 5 - 1　　　　　　　　2015～2019 年北京常住人口规模　　　　　单位：万人

年份	总计	城六区	门头沟区	房山区	通州区	顺义区	大兴区	昌平区	平谷区	怀柔区	密云区	延庆区
2015	2 170.5	1 282.8	30.8	104.6	137.8	102.0	156.2	196.3	42.3	38.4	47.9	31.4
2016	2 172.9	1 247.5	31.1	109.6	142.8	107.5	169.4	201.0	43.7	39.3	48.3	32.7
2017	2 170.7	1 208.8	32.2	115.4	150.8	112.8	176.1	206.3	44.8	40.5	49.0	34.0
2018	2 154.2	1 165.9	33.1	118.8	157.8	116.9	179.6	210.8	45.6	41.4	49.5	34.8
2019	2 190.1	1 147.6	37.3	124.8	173.2	125.7	219.5	189.8	42.7	44.5	51.5	33.5

资料来源：根据《北京统计年鉴》2016～2021 年统计数据整理得出。

表 5 - 2　　　　　　　　2015～2019 年城六区常住人口规模　　　　　单位：万人

年份	总计	东城区	西城区	朝阳区	海淀区	石景山区	丰台区
2015	1 282.8	90.5	129.8	395.5	369.4	65.2	232.4
2016	1 247.5	87.8	125.9	385.6	359.3	63.4	225.5
2017	1 208.8	85.1	122.0	373.9	348.0	61.2	218.6
2018	1 165.9	82.2	117.9	360.5	335.8	59.0	210.5
2019	1 147.6	75.3	115.3	357.5	329.0	59.4	211.1

资料来源：根据《北京统计年鉴》2016～2021 年统计数据整理得出。

从其他郊区来看，人口在逐年增加（昌平区、平谷区、延庆区），这一现象表明北京市主城区人口得到控制，人口逐渐疏解到郊区。北京高质量发展在人口疏解和规模控制方面效果显著。

（二）65 岁及以上常住人口数量及占比

从表 5 - 3 中数据看出全市 65 岁及以上人口数量从 2015 年的 222.8 万人到 2019 年的 280.4 万人，增长了 25.85%。城六区中东城区 65 岁及以上人口数量在 2015～2019 年逐年下降，降幅为 5.67%，西城区 65 岁及以上人口数量在 2015～2017 年逐年下降，2018 年回升，2019 继续上升，相比较 2015 年而言变动幅度较小，丰台区、石景山区 65 岁及以上人口数量在 2015～2018 年都有小幅度下降，然而两个城区 65 岁及以上人口数量在 2019 年大幅度上升；城六区的朝阳区、海淀区和其他郊区 65 岁及以上人口数量基本逐年增长，其中朝阳区没有下降趋势，海淀区 2019 年有所回落。北京市常住人口数量确实在减少，主要原因是北京坚持以功能疏解带动人口调控，但是人口老龄化问题并没有改善，老龄化问题逐渐加重。

表 5－3				2015～2019 年 65 岁及以上常住人口数量			单位：万人
地区	指标	2015 年	2016 年	2017 年	2018 年	2019 年
北京市	65 岁及以上人口数量	222.8	230.4	237.6	241.4	280.4
东城区	65 岁及以上人口数量	14.1	13.9	13.8	13.8	13.3
西城区	65 岁及以上人口数量	20.0	19.5	19.3	19.7	20.5
朝阳区	65 岁及以上人口数量	40.6	41.8	42.3	42.8	47.9
丰台区	65 岁及以上人口数量	24.5	24.0	24.0	24.4	31.9
石景山区	65 岁及以上人口数量	6.8	6.7	6.7	6.6	9.2
海淀区	65 岁及以上人口数量	33.6	39.3	40.0	40.5	40.0
房山区	65 岁及以上人口数量	11.5	11.7	12.6	14.3	16.0
通州区	65 岁及以上人口数量	11.5	12.4	13.2	12.9	19.7
顺义区	65 岁及以上人口数量	8.1	8.4	9.0	8.3	13.3
昌平区	65 岁及以上人口数量	16.8	16.6	17.7	17.0	20.8
大兴区	65 岁及以上人口数量	12.4	12.6	14.0	14.5	17.8
门头沟区	65 岁及以上人口数量	4.1	4.1	4.4	4.6	5.4
怀柔区	65 岁及以上人口数量	4.0	4.1	4.4	4.6	5.3
平谷区	65 岁及以上人口数量	5.4	5.7	6.1	6.4	6.9
密云区	65 岁及以上人口数量	5.7	5.7	6.0	6.6	7.4
延庆区	65 岁及以上人口数量	3.7	3.9	4.0	4.4	5.0

资料来源：根据《北京统计年鉴》2016～2021 年统计数据、《北京区域统计年鉴》2016～2020 年统计数据整理得出。

人口老龄化是指总人口中因年轻人口数量减少、年长人口数量增加而导致的老年人口比例相应增长的动态过程。其包含两层含义：一是指老年人口数相对增加，在人口总数中所占比例不断上升的过程；二是指社会人口结构呈现老年状态，进入老龄化社会。国际上通常认为，当一个国家或地区 60 岁及以上老年人口占人口总数的比重超过 10%，或 65 岁及以上老年人口数占人口总数的比重超过 7% 时，即意味着这个国家或地区的人口处于老龄化社会。根据这个标准，中国于 2000 年开始进入老龄化社会。根据表 5-4 中数据可知，2015~2019 年 65 岁及以上老年人口数占地区人口总数的比例分别为 10.26%、10.60%、10.95%、11.19% 和 12.8%，比重是逐年增加的，说明老龄化问题越来越严重。人口老龄化会对经济产生一定影响，比如劳动力不足，劳动力成本上涨，劳动生产率下降等问题。对于投资结构而言，大量资金转向老年人消费领域，如旅游休闲、医疗卫生保健、保姆服务等，直接导致生产性投资相对下降，经济增长的速度会受到影响。

表 5-4　　　　　2015~2019 年 65 岁及以上人口占总人口数百分比

地区	指标	2015 年	2016 年	2017 年	2018 年	2019 年
北京市	总人口（万人）	2 170.5	2 172.9	2 170.7	2 154.2	2 190.1
	65 岁及以上人口（万人）	222.8	230.4	237.6	241.1	280.4
	65 岁及以上人口占比（%）	10.26	10.60	10.95	11.19	12.80
东城区	总人口（万人）	90.5	87.8	85.1	82.2	75.3
	65 岁及以上人口（万人）	14.1	13.9	13.8	13.8	13.3
	65 岁及以上人口占比（%）	15.60	15.80	16.20	16.80	17.66
西城区	总人口（万人）	129.8	125.9	122.0	117.9	115.3
	65 岁及以上人口（万人）	20.0	19.5	19.3	19.7	20.5
	65 岁及以上人口占比（%）	15.40	15.50	15.80	16.70	17.78
朝阳区	总人口（万人）	395.5	385.6	373.9	360.5	357.5
	65 岁及以上人口（万人）	40.6	41.8	42.3	42.8	47.9
	65 岁及以上人口占比（%）	10.30	10.80	11.30	11.20	13.40
丰台区	总人口（万人）	232.4	225.5	218.6	210.5	211.1
	65 岁及以上人口（万人）	24.5	24.0	24.0	24.4	31.9
	65 岁及以上人口占比（%）	10.50	10.60	11.00	11.60	15.11
石景山区	总人口（万人）	65.2	63.4	61.2	59.0	59.4
	65 岁及以上人口（万人）	6.8	6.7	6.7	6.6	9.2
	65 岁及以上人口占比（%）	10.40	10.60	10.90	11.20	15.49

续表

地区	指标	2015 年	2016 年	2017 年	2018 年	2019 年
海淀区	总人口（万人）	369.4	359.3	348.0	335.8	329.0
	65 岁及以上人口（万人）	33.6	39.3	40.0	40.5	40.0
	65 岁及以上人口占比（%）	9.10	10.90	11.50	12.10	12.16
门头沟区	总人口（万人）	30.8	31.1	32.2	33.1	37.3
	65 岁及以上人口（万人）	4.1	4.1	4.4	4.6	5.4
	65 岁及以上人口占比（%）	13.3	13.2	13.7	13.4	14.48
房山区	总人口（万人）	104.6	109.6	115.4	118.8	124.8
	65 岁及以上人口（万人）	11.5	11.7	12.6	14.3	16.0
	65 岁及以上人口占比（%）	11.00	10.70	10.90	12.10	12.82
通州区	总人口（万人）	137.8	142.8	150.8	157.8	173.2
	65 岁及以上人口（万人）	11.5	12.4	13.2	12.9	19.7
	65 岁及以上人口占比（%）	8.30	8.70	8.80	8.20	11.37
顺义区	总人口（万人）	102.0	107.5	112.8	116.9	125.7
	65 岁及以上人口（万人）	8.1	8.4	9.0	8.3	13.3
	65 岁及以上人口占比（%）	7.90	7.80	8.00	7.10	10.58
昌平区	总人口（万人）	196.3	201.0	206.3	210.8	219.5
	65 岁及以上人口（万人）	16.8	16.6	17.7	17.0	20.8
	65 岁及以上人口占比（%）	8.60	8.30	8.60	8.10	9.48
大兴区	总人口（万人）	156.2	169.4	176.1	179.6	189.8
	65 岁及以上人口（万人）	12.4	12.6	14.0	14.5	17.8
	65 岁及以上人口占比（%）	7.90	7.40	8.00	8.10	9.38
怀柔区	总人口（万人）	38.4	39.3	40.5	41.4	42.7
	65 岁及以上人口（万人）	4.0	4.1	4.4	4.6	5.3
	65 岁及以上人口占比（%）	10.40	10.40	10.90	11.10	12.41
平谷区	总人口（万人）	42.3	43.7	44.8	45.6	44.5
	65 岁及以上人口（万人）	5.4	5.7	6.1	6.4	6.9
	65 岁及以上人口占比（%）	12.80	13.00	13.60	14.10	15.51
密云区	总人口（万人）	47.9	48.3	49.0	49.5	51.5
	65 岁及以上人口（万人）	5.7	5.7	6.0	6.6	7.4
	65 岁及以上人口占比（%）	11.90	11.80	12.20	13.30	14.37

续表

地区	指标	2015 年	2016 年	2017 年	2018 年	2019 年
延庆区	总人口（万人）	31.4	32.7	34.0	34.8	33.5
	65 岁及以上人口（万人）	3.7	3.9	4.0	4.4	5.0
	65 岁及以上人口占比（%）	11.80	11.90	11.80	8.10	14.93

资料来源：根据《北京统计年鉴》2016～2021 年统计数据、《北京区域统计年鉴》2016～2020 年统计数据整理得出。

二、人口受教育程度分析

（一）受高等教育人数占比

高质量发展的核心是更高效率的发展。高素质人才是促进北京经济发展的动力，人口素质在很大程度上来源于其受教育程度。我们先从受过高等教育人数占比进行分析。

受过高等教育的人数和总人数的数据均来自抽样调查，样本选自 6 岁及以上人口。根据表 5-5 中数据可以看出，从 2015～2019 年受过高等教育人数占比逐年上升，增幅达 10.19%。由于是否受过高等教育是衡量人口质量的一个重要指标，这就显示北京常住人口的质量在逐步提高。前文数据分析显示北京常住人口的数量在减少，人口的质量在提高，这就表明降低人口数量提高人口质量的目标逐步达成。

表 5-5　　　　2015～2019 年北京受过高等教育人数占比

（抽样调查人数：6 岁及以上人口）

地区	指标	2015 年	2016 年	2017 年	2018 年	2019 年
北京市	受过高等教育人数（人）	164 851	144 436	151 233	156 623	159 153
	总人数（人）	462 380	400 887	405 613	402 809	405 159
	受过高等教育人数占比（%）	35.65	36.03	37.29	38.88	39.28

资料来源：根据《北京统计年鉴》2016～2021 年统计数据整理得出。

（二）平均受教育程度（常住人口）

计算平均受教育程度公式：$H = \sum H_i L_i / \sum L_i$，其中 H 表示平均受教育程度；Hi 表示离散变量，假定小学 = 0、初中 = 1、高中 = 2、中职 = 3、大学专科 = 4、大学本科 = 5、研究生 = 6，Li 表示该学历的人口总数。计算公式把平均受教育程度分为 7 个阶段，从 0 到 6，分别对应小学学历、初中学历、高中学历、中职学历、大学专科学历、大学本科学历、研究生学历，通过抽样将相应数据代入公式可求得平均受教育程度。从表 5 – 6 抽样调查结果整理来看，北京市平均受教育程度在 2015 ~ 2019 年逐年上升，增幅达 7.58%，说明人口质量开始逐步提升。在常住人口逐年递减的情况下，受教育的水平在逐年提升，这表明人口减量提质日见成效。

表 5 – 6　　　　　　　　**2015 ~ 2019 年平均受教育程度**　　　　　单位：人

年份	总计（抽样调查人数）	小学学历人口数量	初中学历人口数量	高中学历人口数量	中职学历人口数量	大学专科学历人口数量	大学本科学历人口数量	研究生学历人口数量	平均受教育程度
2015	462 380	55 954	128 560	68 223	34 038	60 295	83 897	20 659	2.49
2016	400 887	46 729	115 058	58 313	27 971	53 540	72 754	18 142	2.50
2017	405 613	48 059	110 930	60 237	28 781	55 715	75 646	19 872	2.56
2018	402 809	45 614	104 372	61 043	27 259	57 269	78 254	21 100	2.6
2019	405 159	46 554	106 002	59 850	26 157	57 107	79 526	22 520	2.68

资料来源：根据《北京统计年鉴》2016 ~ 2021 年统计数据整理得出。

第二节　公共服务分析

党的十九大报告强调"增进民生福祉是发展的根本目的。必须多谋民生之利、多解民生之忧，在发展中补齐民生短板"。习近平总书记在保障和改善公共服务方面提出了具体要求：在幼有所育，学有所教，劳有所得，病有所依，老有所养，住有所居，弱有所扶上不断取得新进展。[1] 近

---

[1]　人力资源和社会保障部党组理论学习中心组. 坚持在发展中保障和改善民生 [J]. 旗帜，2020（9）.

年来，北京市在公共服务方面取得了一系列成果。一直以来致力于推进公共服务的精准化精细化，让群众有更全面、更直接、更实在的获得感、幸福感和安全感。本研究设置公共服务方面4个三级指标，基于2015～2019年北京市及各区域统计数据，从各个方面分别深入剖析北京市公共服务高质量发展状况。

近年来，北京市经济发展取得了巨大成就，公共服务体系基本建立，基本公共服务均等化水平提高。教育方面，深入实施学前教育行动计划，推动义务教育资源优质均衡发展，全面实施《北京职业教育改革发展行动计划（2018－2020年）》，推动北京高校"一流专业"建设，分批重点建设100个左右"一流专业"。医疗方面，推动分级诊疗制度建设，加快医疗卫生重点项目建设，积极推进首儿所、妇产、儿童、胸科等医院项目前期工作。公共文化服务方面，研究制定"1＋3"公共文化政策，推动示范区创建工作，提升首都公共文化服务设施建设的标准化、规范化和现代化。对基本公共服务中的教育、医疗卫生和公共文化服务的分析研究，有利于精准发力引导公共资源配置，健全北京市公共服务体系，提高经济发展质量。

一、人均教育支出

《国家中长期教育改革和发展规划纲要（2010－2020年）》规定："各级政府要优化财政支出结构，统筹各项收入，把教育作为财政支出重点领域予以优先保障。"由表5－7可知，2015～2019年，财政用于教育的总支出明显逐年增加，从2015年的855.67亿元增加到2019年的1 137.18亿元，增长了32.90%。在深入贯彻落实高质量发展的城市发展目标下，北京市的总人数从2017年开始有所减少，但人均教育支出却一直保持着良好平稳的增速，从2015年的0.39万元/人增加到2019年的0.52万元/人，增长了31.71%，与财政用于教育的总支出增速基本保持一致。就城六区来说，由于海淀区和朝阳区的人数较多，教育总支出也较高，而人均教育支出最高的是东城区，从2015～2019年人均教育支出增速最高的也是东城区，从2015年的

4 834.49 元/人增加到 2019 年的 9 369.47 元/人，增长了 93.80%，其次是西城区，增长了 75.60%；人均教育支出最低的是丰台区，人均教育支出增速最慢的也是丰台区，从 2015 年的 1 786.43 元/人增加到 2019 年的 2 026.43 元/人，增长了 13.43%；就郊区来说，人均教育支出最高的是延庆区，且从 2015～2017 年增长了 58.61%，这与其加大财政用于教育的投入力度有关，不过延庆区 2018 年减少了教育总支出，人均教育支出也有所减少，为 5 851.90 元/人，2019 年有所回升，达 6 155.43 元/人，相对于其他区仍然较高。

表5－7　　　　　　　　　　人均教育支出　　　　　　　　单位：元/人

地区	指标	2015 年	2016 年	2017 年	2018 年	2019 年
北京市	教育总支出（万元）	8 556 654	8 873 754	9 646 184	10 255 100	11 371 772
	地区总人数（万人）	2 170.5	2 172.9	2 170.7	2 154.2	2 190.1
	人均教育支出（元/人）	3 942.25	4 083.83	4 443.81	4 760.51	5 192.35
东城区	教育总支出（万元）	437 521	497 758	635 778	654 843	705 521
	地区总人数（万人）	90.5	87.8	85.1	82.2	75.3
	人均教育支出（元/人）	4 834.49	5 669.23	7 470.95	7 966.46	9 369.47
西城区	教育总支出（万元）	440 005	556 252	590 134	583 305	686 734
	地区总人数（万人）	129.8	125.9	122	117.9	115.3
	人均教育支出（元/人）	3 389.87	4 418.20	4 837.16	4 947.46	5 956.06
朝阳区	教育总支出（万元）	846 243	885 723	967 975	966 502	1 100 467
	地区总人数（万人）	395.5	385.6	373.9	360.5	357.5
	人均教育支出（元/人）	2 139.68	2 297.00	2 588.86	2 681.00	3 078.23
丰台区	教育总支出（万元）	415 166	335 153	376 731	466 070	427 780
	地区总人数（万人）	232.4	225.5	218.6	210.5	211.1
	人均教育支出（元/人）	1 786.43	1 486.27	1 723.38	2 214.11	2 026.43
石景山区	教育总支出（万元）	176 648	166 035	163 417	173 854	190 432
	地区总人数（万人）	65.2	63.4	61.2	59.0	59.4
	人均教育支出（元/人）	2 709.33	2 618.85	2 670.21	2 946.68	3 205.93
海淀区	教育总支出（万元）	938 639	962 349	1 049 073	1 158 588	1 258 828
	地区总人数（万人）	369.4	359.3	348.0	335.8	329
	人均教育支出（元/人）	2 540.98	2 678.40	3 014.58	3 450.23	3 826.22

续表

地区	指标	2015 年	2016 年	2017 年	2018 年	2019 年
门头沟区	教育总支出（万元）	132 084	144 792	165 578	155 423	198 987
	地区总人数（万人）	30.8	31.1	32.2	33.1	37.3
	人均教育支出（元/人）	4 288.44	4 655.69	5 142.17	4 695.56	5 334.77
房山区	教育总支出（万元）	338 279	347 528	389 072	456 272	566 791
	地区总人数（万人）	104.6	109.6	115.4	118.8	124.8
	人均教育支出（元/人）	3 234.02	3 170.88	3 371.51	3 840.67	4 541.59
通州区	教育总支出（万元）	279 655	314 812	362 920	383 565	475 801
	地区总人数（万人）	137.8	142.8	150.8	157.8	173.2
	人均教育支出（元/人）	2 029.43	2 204.57	2 406.63	2 430.70	2 747.12
顺义区	教育总支出（万元）	297 830	324 572	395 804	428 871	476 885
	地区总人数（万人）	102	107.5	112.8	116.9	125.7
	人均教育支出（元/人）	2 919.90	3 019.27	3 508.90	3 668.70	3 793.83
昌平区	教育总支出（万元）	335 603	316 503	351 792	384 392	473 462
	地区总人数（万人）	196.3	201	206.3	210.8	219.5
	人均教育支出（元/人）	1 709.64	1 574.64	1 705.24	1 823.49	2 157.00
大兴区	教育总支出（万元）	321 905	327 324	396 903	423 750	470 609
	地区总人数（万人）	156.2	169.4	176.1	179.6	189.8
	人均教育支出（元/人）	2 060.85	1 932.26	2 253.85	2 359.41	2 479.50
怀柔区	教育总支出（万元）	176 838	171 102	189 203	223 460	240 174
	地区总人数（万人）	38.4	39.3	40.5	41.4	42.7
	人均教育支出（元/人）	4 605.16	4 353.74	4 671.68	5 397.58	5 624.68
平谷区	教育总支出（万元）	214 394	199 794	205 419	220 219	234 766
	地区总人数（万人）	42.3	43.7	44.8	45.6	44.5
	人均教育支出（元/人）	5 068.42	4 571.95	4 585.25	4 829.36	5 275.64
密云区	教育总支出（万元）	188 608	190 040	209 387	235 580	242 694
	地区总人数（万人）	47.9	48.3	49.0	49.5	51.5
	人均教育支出（元/人）	3 937.54	3 934.58	4 273.20	4 759.19	4 712.50
延庆区	教育总支出（万元）	138 668	156 590	238 158	203 646	206 207
	地区总人数（万人）	31.4	32.7	34.0	34.8	33.5
	人均教育支出（元/人）	4 416.18	4 788.69	7 004.65	5 851.90	6 155.43

资料来源：根据《北京市统计年鉴》2015～2021 年统计数据、《北京区域统计年鉴》2018～2019 年统计数据、《北京区域统计年鉴》2016 年统计数据整理得出。

二、教育经费支出占 GDP 比重

公共财政预算教育经费支出占 GDP 的比重直接反映出政府对教育事业发展的投入强度。2018 年 8 月 27 日，国务院办公厅发布的《关于进一步调整优化结构提高教育经费使用效益的意见》中表示，为全面加强教育经费投入使用管理，国务院要求，保证国家财政性教育经费支出占国内生产总值比例一般不低于 4%。确保一般公共预算教育支出逐年只增不减。由表 5 - 8 可知，2015 ~ 2019 年，北京市教育经费支出占地区生产总值的比重表现出逐年下降的趋势，并且均没有达到国家标准，表明北京市的财政性教育经费投入随着北京市生产总值的增长和人民群众对优质教育资源需求的增长仍需要不断加大。就城六区来说，教育经费支出占地区生产总值的比重均低于全市平均水平，其中石景山区 2015 ~ 2018 年的教育经费占 GDP 比重均是最高的，分别是 3.98%、3.44%、3.05%、2.97%，但 2019 年有所下降。2015 ~ 2019 年，朝阳、丰台区、石景山区、海淀区的教育经费占 GDP 比重不仅没有增长反而下降。就郊区来说，由于地区生产总值相对城六区小很多，教育经费占 GDP 比重普遍较高，除顺义区外均超过了全市平均水平，其中占比最高的是延庆区，这与其加大财政用于教育的投入力度有关，不过延庆区 2018 ~ 2019 年减少了教育总支出，教育经费占 GDP 比重也有所降低，但相对于其他区仍然较高。

表 5 - 8   教育经费占 GDP 比重

地区	指标	2015 年	2016 年	2017 年	2018 年	2019 年
北京市	教育经费总支出（万元）	8 556 654	8 873 754	9 646 184	10 255 100	11 371 772
	地区生产总值（万元）	236 856 800	256 691 300	280 149 435	303 200 000	354 451 299
	教育经费占 GDP 比重（%）	3.61	3.46	3.44	3.38	3.21
东城区	教育经费总支出（万元）	437 521	497 758	635 778	654 843	705 521
	地区生产总值（万元）	19 137 469	20 617 988	22 471 758	24 257 000	29 103 911
	教育经费占 GDP 比重（%）	2.29	2.41	2.83	2.70	2.42

地区	指标	2015 年	2016 年	2017 年	2018 年	2019 年
西城区	教育经费总支出（万元）	440 005	556 252	590 134	583 305	686 734
	地区生产总值（万元）	33 405 905	36 023 621	39 207 218	42 439 000	50 073 300
	教育经费占 GDP 比重（%）	1.32	1.54	1.51	1.37	1.37
朝阳区	教育经费总支出（万元）	846 243	885 723	967 975	966 502	1 100 467
	地区生产总值（万元）	48 238 667	51 710 253	56 354 784	60 935 000	71 163 918
	教育经费占 GDP 比重（%）	1.75	1.71	1.72	1.59	1.55
丰台区	教育经费总支出（万元）	415 166	335 153	376 731	466 070	427 780
	地区生产总值（万元）	12 034 023	12 970 328	14 275 390	15 511 000	18 296 256
	教育经费占 GDP 比重（%）	3.45	2.58	2.64	3.00	2.34
石景山区	教育经费总支出（万元）	176 648	166 035	163 417	173 854	190 432
	地区生产总值（万元）	4 440 249	4 821 412	5 353 878	5 846 000	8 079 633
	教育经费占 GDP 比重（%）	3.98	3.44	3.05	2.97	2.36
海淀区	教育经费总支出（万元）	938 639	962 349	1 049 073	1 158 588	1 258 828
	地区生产总值（万元）	49 229 196	53 951 579	59 427 871	64 795 000	79 545 554
	教育经费占 GDP 比重（%）	1.91	1.78	1.77	1.79	1.58
门头沟区	教育经费总支出（万元）	132 084	144 792	165 578	155 423	198 987
	地区生产总值（万元）	1 469 406	1 578 610	1 743 988	1 881 000	2 492 733
	教育经费占 GDP 比重（%）	8.99	9.17	9.49	8.26	7.98
房山区	教育经费总支出（万元）	338 279	347 528	389 072	456 272	566 791
	地区生产总值（万元）	5 656 518	6 066 080	6 816 836	7 618 000	8 109 908
	教育经费占 GDP 比重（%）	5.98	5.73	5.71	5.99	6.99
通州区	教育经费总支出（万元）	279 655	314 812	362 920	383 565	475 801
	地区生产总值（万元）	6 144 540	6 748 060	7 580 112	8 324 000	10 593 039
	教育经费占 GDP 比重（%）	4.55	4.67	4.79	4.61	4.49
顺义区	教育经费总支出（万元）	297 830	324 572	395 804	428 871	476 885
	地区生产总值（万元）	14 693 765	15 916 029	17 158 727	18 640 000	19 929 973
	教育经费占 GDP 比重（%）	2.03	2.04	2.31	2.30	2.39
昌平区	教育经费总支出（万元）	335 603	316 503	351 792	384 392	473 462
	地区生产总值（万元）	6 961 277	7 533 873	8 396 720	9 020 000	10 825 088
	教育经费占 GDP 比重（%）	4.82	4.20	4.19	4.26	4.37

续表

地区	指标	2015 年	2016 年	2017 年	2018 年	2019 年
大兴区	教育经费总支出（万元）	321 905	327 324	396 903	423 750	470 609
	地区生产总值（万元）	5 308 247	5 831 789	6 445 617	7 004 000	9 076 236
	教育经费占 GDP 比重（%）	6.06	5.61	6.16	6.05	5.19
怀柔区	教育经费总支出（万元）	176 838	171 102	189 203	223 460	240 174
	地区生产总值（万元）	2 406 421	2 594 116	2 857 990	3 093 000	3 998 999
	教育经费占 GDP 比重（%）	7.35	6.60	6.62	7.22	6.01
平谷区	教育经费总支出（万元）	214 394	199 794	205 419	220 219	234 766
	地区生产总值（万元）	2 014 154	2 183 108	2 335 531	2 510 000	2 935 729
	教育经费占 GDP 比重（%）	10.64	9.15	8.80	8.77	8.00
密云区	教育经费总支出（万元）	188 608	190 040	209 387	235 580	242 694
	地区生产总值（万元）	2 324 930	2 511 344	2 782 407	3 002 000	3 410 164
	教育经费占 GDP 比重（%）	8.11	7.57	7.53	7.85	7.12
延庆区	教育经费总支出（万元）	138 668	156 590	238 158	203 646	206 207
	地区生产总值（万元）	1 111 952	1 226 599	1 361 674	1 519 000	1 953 318
	教育经费占 GDP 比重（%）	12.47	12.77	17.49	13.41	10.56

资料来源：根据《北京市统计年鉴》2016～2021 年统计数据、《北京区域统计年鉴》2018～2019 年统计数据、《北京区域统计年鉴》2016 年统计数据整理得出。

三、人均医疗卫生（含计划生育）支出

公共财政预算中医疗卫生支出是政府对医疗卫生费用负担水平和重视程度的直观反映。由表 5-9 可知，2015～2019 年，财政用于医疗卫生（含计划生育）的总支出明显逐年增加，从 2015 年的约 370.52 亿元增加到 2019 年的约 534.41 亿元，增长了 44.23%。在深入贯彻落实高质量发展的城市发展目标下，北京市的总人数从 2017 年开始减少，2019 年有所回升，但人均医疗卫生（含计划生育）支出却一直保持着良好平稳的增速，从 2015 年的 1 707.09 元/人增加到 2019 年的 2 440.13 元/人，增长了 42.94%，接近财政用于医疗卫生（含计划生育）的总支出增速。就城六区来说，由于朝阳区的人数最多，医疗卫生（含计划生育）总支出也最高，而人均医疗卫生支出最

高的是西城区，2015～2019 年人均医疗卫生支出增速较高的为东城区和海淀区，分别增长了 83.23% 和 95.59%；人均医疗卫生支出增速最慢的是石景山区，从 2015 年的 763.6 元/人增加到 2019 年的 948.08 元/人，增长了 24.16%。就郊区来说，人均医疗卫生支出较高的是怀柔区和延庆区，从 2015～2019 年增长幅度最大的是延庆区，增长了 94.08%，顺义区人均医疗卫生支出不升反降，2015～2019 年下降了 1.01%。

表 5-9　　　　　　　　人均医疗卫生（含计划生育）支出

地区	指标	2015 年	2016 年	2017 年	2018 年	2019 年
北京市	医疗卫生总支出（万元）	3 705 234	3 979 528	4 278 670	4 900 900	5 344 127
	地区总人数（万人）	2 170.5	2 172.9	2 170.7	2 154.2	2 190.1
	人均医疗卫生支出（元/人）	1 707.09	1 831.44	1 971.10	2 275.04	2 440.13
东城区	医疗卫生总支出（万元）	123 290	137 922	163 876	185 006	187 961
	地区总人数（万人）	90.5	87.8	85.1	82.2	75.3
	人均医疗卫生支出（元/人）	1 362.32	1 570.87	1 925.69	2 250.68	2 496.16
西城区	医疗卫生总支出（万元）	225 740	278 420	316 554	328 225	330 269
	地区总人数（万人）	129.8	125.9	122.0	117.9	115.3
	人均医疗卫生支出（元/人）	1 739.14	2 211.44	2 594.70	2 783.93	2 864.43
朝阳区	医疗卫生总支出（万元）	402 422	409 429	434 904	451 958	554 800
	地区总人数（万人）	395.5	385.6	373.9	360.5	357.5
	人均医疗卫生支出（元/人）	1 017.50	1 061.80	1 163.16	1 253.70	1 551.89
丰台区	医疗卫生总支出（万元）	106 895	89 514	122 116	127 241	135 123
	地区总人数（万人）	232.4	225.5	218.6	210.5	211.1
	人均医疗卫生支出（元/人）	459.96	396.96	558.63	604.47	640.09
石景山区	医疗卫生总支出（万元）	49 787	50 254	58 848	62 516	56 316
	地区总人数（万人）	65.2	63.4	61.2	59.0	59.4
	人均医疗卫生支出（元/人）	763.60	792.65	961.57	1 059.59	948.08
海淀区	医疗卫生总支出（万元）	229 377	215 301	256 564	268 430	399 578
	地区总人数（万人）	369.4	359.3	348.0	335.8	329.0
	人均医疗卫生支出（元/人）	620.94	599.22	737.25	799.37	1 214.52
门头沟区	医疗卫生总支出（万元）	34 590	53 310	53 264	50 590	56 932
	地区总人数（万人）	30.8	31.1	32.2	33.1	37.3
	人均医疗卫生支出（元/人）	1 123.05	1 714.15	1 654.16	1 528.40	1 526.33

续表

地区	指标	2015 年	2016 年	2017 年	2018 年	2019 年
房山区	医疗卫生总支出（万元）	117 195	118 414	130 920	138 307	152 181
	地区总人数（万人）	104.6	109.6	115.4	118.8	124.8
	人均医疗卫生支出（元/人）	1 120.41	1 080.42	1 134.49	1 164.20	1 219.40
通州区	医疗卫生总支出（万元）	191 807	168 177	228 528	278 274	279 895
	地区总人数（万人）	137.8	142.8	150.8	157.8	173.2
	人均医疗卫生支出（元/人）	1 391.92	1 177.71	1 515.44	1 763.46	1 616.02
顺义区	医疗卫生总支出（万元）	185 808	217 070	191 266	211 049	226 663
	地区总人数（万人）	102.0	107.5	112.8	116.9	125.7
	人均医疗卫生支出（元/人）	1 821.65	2 019.26	1 695.62	1 805.38	1 803.21
昌平区	医疗卫生总支出（万元）	98 092	124 204	122 624	123 183	184 956
	地区总人数（万人）	196.3	201.0	206.3	210.8	219.5
	人均医疗卫生支出（元/人）	499.70	617.93	594.40	584.36	842.62
大兴区	医疗卫生总支出（万元）	129 207	139 198	151 957	175 475	193 081
	地区总人数（万人）	156.2	169.4	176.1	179.6	189.8
	人均医疗卫生支出（元/人）	827.19	821.71	862.90	977.03	1 017.29
怀柔区	医疗卫生总支出（万元）	88 265	81 144	101 321	116 621	112 288
	地区总人数（万人）	38.4	39.3	40.5	41.4	42.7
	人均医疗卫生支出（元/人）	2 298.57	2 064.73	2 501.75	2 816.93	2 629.70
平谷区	医疗卫生总支出（万元）	74 018	64 985	67 581	76 458	99 640
	地区总人数（万人）	42.3	43.7	44.8	45.6	44.5
	人均医疗卫生支出（元/人）	1 749.83	1 487.07	1 508.50	1 676.71	2 239.10
密云区	医疗卫生总支出（万元）	98 913	99 570	116 465	139 252	132 090
	地区总人数（万人）	47.9	48.3	49.0	49.5	51.5
	人均医疗卫生支出（元/人）	2 064.99	2 061.49	2 376.84	2 813.17	2 564.85
延庆区	医疗卫生总支出（万元）	56 150	58 038	60 996	82 062	116 264
	地区总人数（万人）	31.4	32.7	34.0	34.8	33.5
	人均医疗卫生支出（元/人）	1 788.22	1 774.86	1 794.00	2 358.10	3 470.57

资料来源：根据《北京市统计年鉴》2016～2021 年统计数据、《北京区域统计年鉴》2018 年统计数据、《北京区域统计年鉴》2016 年统计数据整理得出。

四、人均公共文化服务设施（公共图书馆、档案馆）建筑面积

建设"三个北京"、首善之区、世界城市和全国文化中心等战略目标，都对北京公共文化设施建设和服务提出了更高的要求。2016 年发布的《中华人民共和国公共文化服务保障法》明确定义公共文化设施为：用于提供公共文化服务的建筑物、场地和设备，主要包括图书馆、博物馆、文化馆（站）、美术馆、科技馆、纪念馆、体育场馆、工人文化宫、青少年宫、妇女儿童活动中心、老年人活动中心、乡镇（街道）和村（社区）基层综合性文化服务中心、农家（职工）书屋、公共阅报栏（屏）、广播电视输出覆盖设施、公共数字文化服务点等。从数量上看，以文化服务中心（文化站）所占比例最大，然后是博物馆、电影院和演出场所。人均公共文化服务设施建筑面积能够直观反映政府对公共文化服务的重视程度。由表 5 - 10 可知，2014～2018 年，北京市公共文化服务设施建筑面积逐年增加，其增速与北京市总人数增速基本保持一致，这表明目前北京市的公共文化服务设施可以很好地满足北京市民对于公共文化的日常需求。在建设更多公共文化设施的同时，也要注重如何最大化发挥其效能，需要不断创新公共文化设施管理模式，激活文化供给潜力，实现资源有效配置，推动公共文化服务供给侧结构性改革，增强群众对文化发展成果的获得感和满意度。

表 5 - 10　人均公共文化服务设施（公共图书馆、档案馆）建筑面积

地区	指标	2014 年	2015 年	2016 年	2017 年	2018 年
北京市	公共文化服务设施建筑面积（平方米）	625 220	620 256	672 930	701 401	705 472
	地区总人数（人）	21 516 000	21 705 000	21 729 000	21 707 000	21 542 000
	人均公共文化服务设施建筑面积（平方米/人）	0.03	0.03	0.03	0.03	0.03

资料来源：根据《北京市统计年鉴》2015～2019 年统计数据、《海淀区统计年鉴》2018 年统计数据、《西城区统计年鉴》2017 年统计数据整理得出。

| 第六章 |

北京高质量发展总体评价

从前面的数据分析中，我们可以看到北京高质量发展的总体效果不错，成效显著。

第一节　北京高质量发展的经济维度评价

在构建现代化经济体系，推动经济高质量发展方面，北京积极探索实现高质量发展的路径，经济高质量发展绩效凸显。

一、经济效率与效果持续上升

经济增长的稳定性是指国民经济运行的平稳状况。过度的经济波动不仅破坏经济增长的稳定机制，造成社会资源浪费，还会加大观经济运行的潜在风险，出现通货膨胀、高失业率等社会问题。根据国际经验，经济增长率增速在 −30% ~ 30%，经济增长稳定性好；在 −50% ~ −30% 及 30% ~ 50%，经济增长稳定性差；大于 50% 或小于 −50%，经济增长稳定性极差。北京除西城区外，2015 ~ 2019 年北京市经济增长波动率系数除 2019 年超过 ± 30%

外（除房山区和通州区外，均在 50% 以内），其余年份都控制在 ± 30% 的范围之内，表明整体经济增长波动较平稳。但是值得注意的是，2019 年北京市经济增长波动系数为负数，说明经济增长率降低，经济增长呈现明显放缓趋势，从另一个层面印证了北京市经济增长不再单纯追求速度，开始更加注重高质量发展。2015 ~ 2019 年，北京市所有城区（含郊区）的当期增长率均超 5%，最高达 15.78%，说明北京所有城区经济增长显著，且基本 "同步" 发展。

北京市人均 GDP 从 2015 年的 113 692 元到 2019 年的 161 776 元，是逐年增长的，相对于 2015 年的增长比率分别是 8.53%、19.77%、32.78%、42.29%。2016 年到 2018 年的环比增长率也是逐年增加的，2019 年环比增长率有所下降，说明 2019 年人均 GDP 相对于 2018 年增长的幅度没有往年高，这主要是对比基数在不断增大，同时更加强调高质量发展，不再单纯追求增长速度。城六区的人均生产总值也是连年上升的，其中西城区的人均生产总值最高，从 2015 年的 271 236.6 元到 2019 年的 434 284.5 元，与其他城区相比一直领先。从各郊区数据分析来看，人均生产总值也是连年增加。北京的高质量发展始终坚持 "稳中求进" 工作总基调，深入落实首都城市战略定位，以高质量发展为基调促进经济发展，虽然 GDP 总量增长放缓，但人均 GDP 一直稳步连年增长，显示人民生活水平在不断提高。①

投资效果系数是反映固定资产投资使用效果的指标。2015 年以来，北京市投资效果系数总体上趋于上升，这说明投资的效率总体上呈现出边际效应递增，表明依靠投资拉动的经济增长是可持续的。分区来看，西城区投资效果系数居于领先地位，在 2019 年达到 26.53。东城区和海淀区居于第二、第三的位置，在 2019 年分别为 11.08 和 8.23。值得注意的是延庆区的投资效果系数逐年下降，且在 2018 年、2019 年均小于 1，需要分析具体原因，找出优化投资结构、提高投资效率的途径。

霍夫曼的工业化阶段理论认为，生产要素的投入结构顺序是由劳动密集

---

① 资料来源：根据《北京统计年鉴》2016 ~ 2021 年统计数据、《北京区域统计年鉴》2016 ~ 2021 年统计数据整理得出。

型为主转为资源密集型，再向技术密集、智力信息咨询型演化。2015 年以来，北京市全社会劳动生产率有了较大幅度的增长，特别是 2017~2019 年，北京市全社会劳动生产率呈现出快速增长的态势。五年来，北京市全社会劳动生产率均未下降，预示着其高附加值的技术密集型产业带动全社会劳动生产率增长的发展现状表现良好。随着北京"十大"高精尖产业的布局和进一步发展，这一状态应该会继续稳定保持下去。

二、产业结构不断优化

宏观层面上，产业结构在不断优化，第一、第二产业占比继续缩小，第三产业占比则不断提高。三次产业构成由 2015 年的 0.6∶19.7∶79.7，变化为 2019 年的 0.3∶15.9∶83.79，到 2020 年为 0.2∶15.8∶83.87（新京报 2019 年 7 月 23 日报道）。

从产业结构看，北京市第三产业比重逐年上升，2016 年首次超过 80%，且动力很足，形成并延续了规模递增的持续增长。城六区中东城区、西城区、朝阳区和海淀区第三产业 GDP 占比超 90%。城六区第三产业产值和增加值均以朝阳区和海淀区最大，2019 年增加值达到 1 427.23 亿元。

目前发达国家服务业占 GDP 比重大体在 70%~75%。北京的金融、信息、科技、文化体育娱乐和商务服务业五大行业在 GDP 中占比超过一半。金融业作为北京第一大支柱产业，占 GDP 比重达到 18%，与伦敦、纽约国际金融中心城市水平相当。

值得注意的是，在 2017 年，除丰台区和顺义区外，其他城区第三产业增加值出现下降，需要分析具体原因。2018 年大部分地区第三产业增加值再次恢复增长趋势。

三、经济增长福利性不断提高

居民消费水平指数、恩格尔系数、居民人均消费支出和人均可支配收入是经济增长福利性的关键测度指标。

2015～2019 年,北京市全市居民消费水平指数较为稳定。2018 年农村居民消费水平指数提高较多,反映出相对于城镇居民消费市场来说,农村居民消费市场具有更大的发展空间。

恩格尔系数是食品支出总额占个人消费支出总额的比例。假设一个家庭食品支出不变,家庭收入越多,恩格尔系数越小。2015～2019 年,北京市全市居民家庭恩格尔系数逐年降低,从 2015 年的 22.4% 下降到 2019 年的 19.7%。2015～2019 年,城镇居民家庭恩格尔系数与全市居民家庭恩格尔系数基本保持一致,从 2015 年的 22.1% 下降到 2019 年的 19.3%。农村居民家庭恩格尔系数明显高于全市居民家庭恩格尔系数,但也呈现出逐年降低的趋势,从 2015 年的 27.7% 下降到 2018 年的 25.3%,表明相对于城镇居民家庭来说,农村居民家庭收入增长相对较快,并且农村居民家庭的收入与城镇居民家庭收入差距显著减小。

2015～2019 年,北京市全市居民人均消费支出逐年上升,从 2015 年的 33 803 元/人增加到了 2019 年的 43 038 元/人,增长了 27.32%。城镇居民人均消费支出从 2015 年的 36 642 元/人增加到了 2019 年的 46 358 元/人,增长了 26.52%,与全市居民人均消费支出增长幅度基本一致。而农村居民人均消费支出从 2015 年的 15 811 元/人增加到了 2019 年的 21 881 元/人,增长了 38.39%,大幅度超过全市居民人均消费支出增长幅度。但是农村居民人均消费支出不及城镇居民人均消费支出的 50%,两者之间差距很大,且差距还在逐年增大。从前面的分析中我们知道,主要是因为农村居民的人均可支配收入不到城镇居民的一半导致,所以发展农村经济,提高农民收入仍然任重而道远。

人均可支配收入也是衡量人民生活水平的一个重要标准。北京全市人均可支配收入在 2016 年破 5 万元,而城镇居民人均可支配收入在 2015 年就破了 5 万元,农村居民人均可支配收入也在逐年增加。从城六区来看,城镇居民人均可支配收入是逐年增加的,除丰台区外,其他 5 个城区都在 2015 年破 5 万元,其中东城区、西城区、海淀区的人均可支配收入破了 6 万元。

2015～2019年郊区的居民人均可支配收入都是连年增加的。各区相比，主城区的人均可支配收入更高。

四、经济增长创新成效显著

习近平总书记明确将科技创新中心作为北京的核心功能之一，指出北京产业发展的高端化、服务化、集聚化、融合化、低碳化方向，以科技创新中心功能为战略引领和根本遵循，实现首都经济创新发展[①]。北京正在以"中关村科学城、怀柔科学城、未来科学城、亦庄经济技术开发区"为主平台，以中关村国家自主创新示范区为主阵地，推进具有全球影响力的科技创新中心建设，为建设创新型国家作出新的贡献。经济创新发展背后是不断加大的科技创新投入。2015～2019年，北京市高新技术企业数量、研究与实验发展经费内部支出均在不断上升，创新产出成果显著，万人发明专利拥有量、高技术产业增加值占比和技术合同成交额均在快速增加。

（一）创新投入

2019年北京日均设立高新技术企业数量达250家，其中，国家级高新技术企业累计达2.5万家，实现了翻番。独角兽企业82家，占据我国的半壁江山。北京市高技术企业蓬勃发展，共有24 687家高技术企业。其中，海淀区以绝对优势拔得头筹，共有10 158家，占全市的41.15%，海淀区是北京市知识、技术集中度最高的地区；其次是朝阳区，共有3 627家高技术企业，占全市的14.69%；达到上千家高技术企业的还有昌平区1 684家、丰台区1 550家和通州区1 023家，分别占全市的6.82%、6.28%、4.14%；另外，北京经济技术开发区也有992家高技术企业。

研究与试验发展（R&D）经费内部支出指标是国际上通用的衡量一个国

---

① 王力丁，贺明. 创新驱动发展战略推动北京科技创新中心建设［EB/OL］. ［2015 - 07 - 22］. http://theory. people. com. cn//n/2015/0722/c83859 - 27343323. html.

家或地区科技投入强度和科技发展水平的评价指标。短短五年时间，研究与试验发展（R&D）经费内部支出从 1 384 亿元提高到 2 233.59 亿元，五年涨幅达 61.39%。研究与试验发展（R&D）经费内部支出占地区生产总值的比重在波动中上升，2015～2017 年为小幅度下降，从 5.59% 下降至 5.29%，2018 年有所上升，2019 年比率为近五年最高，突破 6% 大关，达到 6.30%。研究与试验发展（R&D）经费内部支出占地区生产总值的比重的变化，显示北京对创新投入的高度重视。研究与试验发展（R&D）经费内部支出的增长速度高于地区生产总值的增长速度，前者占后者的比率不断上升，说明高精尖产业发展的经费保障在不断增强。

在研究与试验发展（R&D）经费稳步提高的前提下，我们也需要注意到，研发投入以试验发展为主，2015～2018 年，试验发展经费占研究与试验发展（R&D）经费内部支出比例保持在 62% 以上，2019 年下降至 58.84%；对基础研究、应用研究的投入逐年增多，但两者占比依然较低，其中基础研究占比在 14% 左右，应用研究占比在 23% 左右。因此，北京市应当进一步引导全社会加大对研发的投入力度，尤其是基础性和应用性基础研究领域，优化我国研发资源配置。

（二）创新产出

北京正在加快培育新一代信息技术、集成电路、人工智能等 10 个高精尖产业，加快培育金融、科技、信息、文创、商务服务等现代服务业。创新型总部聚集，兼具科创民营小微"三位一体"特征的企业众多，各类创新创业活力竞相迸发，目前总部在京的世界 500 强企业达到 56 家，位列全球第一，每天新产生的创新型企业约 200 家。

北京创新产出成果不断。"万人发明专利拥有量"是衡量一个国家或地区科研产出质量和市场应用水平的综合指标。北京地区万人发明专利拥有量迅速增长。2015 年，这一数据仅仅达到 62 件，2016 年、2017 年实现大幅度上涨，涨幅分别达到 24.19%、23.38%，2018 年、2019 年增速有所放缓，但仍稳步上升，2019 年北京地区万人发明专利拥有量攀升至 132 件，环比增长 17.86%。五年来迅速增长，涨幅达到 112.9%。近年来，北京发明专利授权呈现出发明专利年度授权量增长迅速、国内申请人获得发明专利授权所占比重不断提升、国内授权职务发明比重逐年提高三方面特点。

高技术产业增加值逐年上升，从 2014 年的 4 738.5 亿元增长至 2018 年的 6 978.8 亿元，五年增长 2 238.3 亿元。地区生产总值逐年上升，从 2014 年的 21 944.1 亿元增长至 2018 年的 30 320.0 亿元，五年增长 8 375.9 亿元，其中 2016 年增长最为迅速，增长 1 983.4 亿元。

从供给结构看，技术、人力资本等创新要素的贡献更加明显。技术合同成交额不断攀升，由 2015 年的 3 452.6 亿元增长至 2019 年的 5 695.28 亿元，五年涨幅达 64.96%，2016 年、2017 年、2019 年环比涨幅居前，分别达到 14.14%、13.82%、14.88%，2018 年环比涨幅稍慢，但也达到了 10.53%。这说明促进技术交易和成果转化支持的政策落实良好，科技创新成果的落地转化速度快。

五、经济增长国际化成果显著

北京作为全国的政治、经济和文化中心，拥有会展旅游地"先天优势"，会都模式已初现规模，正成为越来越多国际会议和展览青睐的目的地城市，并朝着"会都"的目标迈进。2015～2018 年，北京市举办大型国际会议次数超过 3 000 次，最高为 5 000 次。北京国际会议行业分布广泛，主要以卫生和社会工作类会议、科学研究和技术服务业类会议、信息传输软件和信息技术服务业类会议为主，这将对北京市第三产业发展提供帮助。

2015～2019 年，北京市国际展览个数从 2015 年的 173 个降至 2019 年的 31 个。这反映出目前北京市展览业存在空间结构布局不合理，服务保障能力、国际化水平有待进一步提高等问题。2018 年 1 月 15 日，北京市商务委员会公布的《关于促进展览业创新发展的实施意见》指出：要从优化空间布局、强化品牌建设、培育市场主体、创新发展模式、提高国际化水平、优化发展环境六方面提出 24 项重点任务。力争到 2035 年，举办国际展览数量增至 250 个，展览业的专业化、国际化、品牌化、信息化和国际影响力、综合竞争力达到世界先进水平。

北京拥有丰厚的历史文化底蕴、优越的自然旅游资源，以及完善的交通、餐饮、酒店等基础设施。北京以旅游市场导向、城市商务导向、特色资源支撑为动力，为入境研学旅行团组、专业考察团组等提供完善的服务支撑。2018 年，全市累计接待入境游客 400.4 万人次，比 2017 年增加 7.9 万人次，同比增长 2%。其中，以东城区、朝阳区和海淀区接待人数最多，总数占比 83.11%。

在京郊城区中，顺义区入境旅游人数最多，2014～2018 年中有三年超过20 万人次，这与顺义区发展民俗旅游，如祥云小镇等建设分不开。大兴区入境旅游人数居于第二位，随着大兴机场的建成，大兴区未来入境旅游人数有望进一步增长。另外，门头沟区、房山区、密云区、平谷区和延庆区入境旅游人数五年内均未超过 1 万人次，应把发展重心放在其他产业。

六、经济维度方面高质量发展建议

坚持以高质量发展为主题，可以借鉴下一章论述的伦敦等城市的发展经验，继续通过副中心和新城的建设分散中心城区的压力，疏解非首都功能。同时疏解与退出并举，为引入高端要素腾出宝贵空间。继续提高人均产出水平，提高社会劳动生产率和投资效果系数。

在经济增长创新方面，需进一步发挥创新对北京经济高质量发展水平的驱动引领作用。充分发挥北京科技、人才优势，以"三城一区"为主平台建设具有全球影响力的科技创新中心。同时充分发挥北京"科技创新中心"的重要作用，保持创新投入的强度不变或增加，为北京的持续创新发展提供有力的资金保证。创新投入结构还需进一步优化，继续增加原始创新投入。

在创新制度改革、创新生态营造和创新空间拓展方面持续探索。比如通过股权激励、破除人才制度壁垒、简化科研管理流程等，切实增强创新动力和活力。采取多种措施鼓励发明创造，促进科技成果转化，保持技术合同成交额的进一步增加。北京需要继续深入实施新一代信息技术等 10 个高精尖产业发展指导意见，大力发展人工智能、医药健康等高技术产业，形成新一代信息技术与医药健康产业创新发展的双动能。

高技术产业是北京创新驱动发展的重要引擎，需要采取有效措施促进高技术产业的进一步发展，发展新一代信息技术、人工智能、新能源汽车产业等。北京需要继续发挥好研究支撑、平台支撑、数据支撑和桥梁支撑作用，以建设现代化经济体系、实现高质量发展为目标，持续推进高技术产业发展。

借鉴下一章论述的伦敦、广州等城市的经验，注重政府的引导作用，扶持中小企业，不断创新规划形式，引进各类创新人才，努力打造一个充满活力的全球化大都市。

第二节　北京高质量发展的环境维度评价

一、资源与环境

北京统筹"山、水、林、田、湖、草"系统治理，生态环境保护建设水平不断提升，生态环境容量得到切实增加。2015~2019 年，北京市森林面积逐年增加一万公顷左右，森林覆盖率从 2015 年的 41.6% 提升到了 2019 年的44%。2019 年进一步强化新一轮百万亩造林绿化工程，加大违建拆除、造林绿化和生态修复力度。

北京核心区要扩大留白增绿空间，腾退空间仅限于绿地公园建设、中央部委行政办公用房、基本公共服务或公共文化基础设施建设，不再用于产业或企业发展。核心区发展应依托北海、景山等公园，打造首都中央公园，为中央政务区做好服务保障，更好地发挥首都功能。截至 2019 年，主城六区中海淀区森林面积最大，为 15 403.05 公顷，同时森林覆盖率最高，达到35.76%，朝阳区森林覆盖率增长速度最快。

北京市新一轮百万亩造林绿化行动计划提出到 2022 年，全市新增森林绿地湿地面积 100 万亩，其中新增森林 93.8 万亩。工程规划期为 2018 ～ 2022 年。首年将要开展的新一轮百万亩造林绿化工程涉及全市 16 个区，建设任务主要安排在核心区、中心城区、平原地区和浅山区。

生态涵养区需要守护绿水青山，保障首都生态安全，促进城乡融合发展。门头沟区作为生态涵养区，重点突出生态治理和绿色发展，特别提出推动废弃矿山的生态修复和产业绿色转型。平谷区也属于生态涵养区，是首都东部重要的生态屏障。在分区规划中，平谷区提出将运营北京首个森林城市，到 2035 年森林覆盖率保持在 67% 左右。举办 2022 年北京冬奥会和冬残奥会是延庆区实现绿色转型发展的重大历史机遇。延庆区统筹考虑冬奥场馆和设施的会后利用，成为大众体验冰雪和户外运动的重要场所，建立冬奥森林公园，丰富冬季特色活动。作为首都"后花园"的密云区，近期重点建设潮白河城市森林公园等四大精品城市公园，

对于目前以减量增质为发展目标的北京来说，人均绿地面积是建设宜居首都的重要指标。2015 ～ 2019 年，北京市人均绿地面积由 39.84 平方米/人增长至 43.74 平方米/人。2019 年，石景山区人均绿地面积最大，达到 75.92 平方米/人，朝阳区为绿地面积增加最多的区，从 2015 年的 14 497.35 公顷增长到了 2019 年的 15 660.13 公顷。平谷区要建设集休闲、健身、旅游、寻古、生态等多功能于一体的绿色网络，到 2035 年健康绿道长度达到 254 千米，建成区人均公园绿地面积达到 25 平方米，建成区公园绿地 500 米服务半径覆盖率达到 98.5%。密云区到 2035 年建成区公园绿地 500 米服务半径覆盖率达 95%。

二、环境治理

在科技创新和"疏解整治促提升"大背景下，北京市经济生产中的能源效率不断提升，2015 ～ 2019 年，北京市单位 GDP 能耗逐年降低，从 0.338 吨标准煤/万元降低到 0.230 吨标准煤/万元，其中 2015 ～ 2016 年降低幅度最

大，降幅达到了 0.063 吨标准煤/万元。

当前，北京打好环境污染防治攻坚战，加强生态文明建设的压力依然较大，要聚焦机动车、扬尘、挥发性有机物三大污染源，突出抓好柴油货车污染防治。北京市长期被大气污染所困扰，2013 年雾霾天气频现便是最直接的体现，面对空气问题，北京市先后采取多项措施，2013 年开始进行的压减燃煤、治污减排，2014《北京市大气污染防治条例》的颁布，2015 年开始进行的控车减油，2017 年起的一微克行动，2018 打响的蓝天保卫战，淘汰退出一般制造业和污染企业 656 家，动态清理整治 521 家"散乱污"企业，石化等重点行业实施高压料仓废气深度治理、柴油储罐治理等工程项目及时调整退出，减排挥发性有机物 2 100 吨。这些均为北京市大气污染防治工作作出了贡献，同时也是北京市减量发展下实现绿色发展目标的重要体现。2015～2019 年，北京市 PM2.5 年日均值持续下降，从 2015 年的 80.6 微克/立方米大幅降低至 2019 年的 42.0 微克/立方米，其中 2016～2017 年降幅最大，达到了 15.0 微克/立方米。截至 2019 年，主城区中东城区和西城区的 PM2.5 年日均值较高，均为 44.0 微克/立方米，海淀区 PM2.5 年日均值最低，为 40.0 微克/立方米，改善幅度最大的是丰台区，PM2.5 年日均值从 2015 年的 86.7 微克/立方米降低到 2019 年的 42.0 微克/立方米，降幅达到 44.7 微克/立方米。2019 年，郊区中 PM2.5 年日均值最高的是通州区，为 46.0 微克/立方米，最低的区为密云区，为 34.0 微克/立方米，降幅较大的区为房山区和大兴区，PM2.5 年日均值分别从 2015 年的 96.2 微克/立方米和 96.4 微克/立方米降低到 2019 年的 42.0 微克/立方米和 44.0 微克/立方米，降幅达到 54.2 微克/立方米和 52.4 微克/立方米。

北京市整体污水处理率从 2015 年的 87.9% 增加到 2019 年的 94.5%，变化较大的是 2016 年到 2017 年，增幅为 2.4 个百分点。城六区污水排放总量逐年增加，但同时污水处理率从 2015 年的 97.5% 增长至 2019 年的 99.3%。截至 2019 年，郊区中房山区的城乡污水处理率最低，为 81.9%；延庆区的城乡污水处理率最高，为 86.1%；昌平区为增加幅度最大的区，从 2015 年的 53.1% 增长到 2019 年的 86.7%，增幅达到 33.6%。值得注意的是，北京市经济开发区的污水处理率 2015 年至 2019 年均为 100%。

北京市节能环保支出占一般公共预算支出的比例自 2015～2017 年在逐年上升，从 2015 年的 5.29% 上升到 2017 年的 6.72%，但 2018～2019 年均有所下降，2019 年降至 4.17%。截至 2019 年，主城区中海淀区的节能环保支出占一般公共预算支出的比例最高，为 3.83%。郊区中密云区的节能环保支出占一般公共预算支出的比例最高，为 9.30%，大兴区的节能环保支出占一般公共预算支出的比例最低，为 2.05%。各区节能环保支出主要用于能源节约利用、天然林保护、污染减排、退耕还林、环境监测与监察、环境保护管理事务、污染防治、可再生能源、自然生态保护、能源管理事务、资源综合利用等方面。节能环保支出的逐年增加体现北京市对环保重视程度的不断加深。

北京在利用发展新区疏解非首都功能的同时，也要加强发展新区生态文明建设，抓好绿隔建设，构建没有城市病的发展新区。要大尺度增加城市绿色空间，继续做好"留白增绿"这篇小文章，形成首都创举和北京模式。

三、环境维度方面高质量发展建议

继续坚持经济发展与环境保护并重的策略，使绿色发展取得新的进展。北京从集聚资源求增长到疏解功能谋发展，再到大力推动绿色集约发展，发展效率进一步提高。2015～2019 年北京在绿色发展方面的成就显著。与 2015 年相比，2019 年所有环境维度发展指标均明显改善。2019 年，北京单位 GDP 能耗比过去有了大幅度下降，能源利用效率居全国首位。

在利用发展新区疏解非首都功能的同时，加强发展新区生态文明建设，抓好绿隔建设，要大幅度增加城市绿色空间，继续做好"留白增绿"工作，形成首都创举和北京模式。

保证水资源的充足供应与高效利用。北京需要进一步增强企业与居民的节水意识，鼓励节水环保科技创新及技术运用推广，以避免极端天气如干旱等对水资源的供应保障造成的不利影响。

北京可以借鉴下一章论述的伦敦、新加坡和广州的发展经验，借鉴它们在土地利用及城市绿化方面的经验，加强环保科普宣传，提升公众环保意识，促进人人参与并身体力行地改善环境，促进北京环境保护与生态建设的进一步完善。

第三节　北京高质量发展的社会维度评价

一、北京市进一步优化人口结构，控制人口规模，提高人口素质

中心城区实现非首都功能有序疏解，非中心城区将积极制定有效政策，吸引中心城区人口适度转移。城六区常住人口从 2015 年的 1 282.8 万人减少到 2019 年的 1 147.6 万人，共减少 135.2 万人，减少 10.54%。各郊区正在有序承接中心城区常住人口疏解，顺义区 2016 年常住人口规模为 107.5 万人，2019 年提高到 125.7 万人，该区规划准备至 2035 年常住人口规模调控至 145 万人左右。延庆区 2016 年常住人口规模为 32.7 万人，2019 年已增加到 34.8 万人，至 2035 年将调控至 38 万人。延庆区将结合中心城区非首都核心功能疏解任务，制定科学有效的人才吸引政策，吸引中心城区人口适度转移，为绿色产业发展提供支撑保障。大兴区也坚持人口调控与疏解非首都功能、城市综合整治并举。2016 年，大兴区常住人口规模为 169 万人，2019 年已增加到 219.5 万人，至 2035 年该数据目标为 220 万人。从其他郊区整体来看，人口都在逐年增加，这一现象表明北京市主城区人口得到控制，人口逐渐疏解到郊区。

中心城区在疏解非首都功能的同时，同步优化人口结构，积极引入高素质人才，提高人口的整体素质。从 2017 年到 2018 年受高等教育人数的比值从 37.29% 增长到了 38.88%，增幅是 1.59%；从 2018 年到 2019 年受高等教育人数的比值从 38.88% 增长到了 39.28%，增幅是 0.4%，受过高等教育人数占比逐年增长；从平均受教育程度来看，2015 年为 2.49，2019 年达到

2.68。这两个指标的上升均表明人口质量的逐步提高。各郊区也在积极吸引优秀人才。比如：门头沟区提出，将发挥宜居环境优势，提升人才综合吸引力，实施产业带动人才战略，积极引入高素质人才。亦庄新城规划提出，将制定政策，以科技创新、文化发展为带动，吸引科技创新人才扎根。

目前主要问题是人口老龄化现象严重。2015～2019 年 65 岁以上老年人口占地区人口总数的比例分别为 10.26%、10.60%、10.95%、11.19% 和 12.8%，比重逐年增加，说明老龄化问题越来越严重。人口老龄化会对经济产生一定影响，比如劳动力不足、劳动力成本上涨、劳动生产率下降等问题。对于投资结构而言，大量资金转向老年人消费领域，如旅游休闲、医疗卫生保健、保姆服务等，直接导致生产性投资相对下降，经济增长的速度面临放缓趋势。

二、公共服务水平不断提升

党的十九大报告强调：增进民生福祉是发展的根本目的。必须多谋民生之利、多解民生之忧，在发展中补齐民生短板。近年来，北京市在民生供给方面取得了一系列成果。一直以来致力于推进民生供给和民生保障的精准化精细化，让群众有更全面、更直接、更实在的获得感、幸福感和安全感。

教育方面，《国家中长期教育改革和发展规划纲要（2010－2020 年）》规定："各级政府要优化财政支出结构，统筹各项收入，把教育作为财政支出重点领域予以优先保障。" 2015～2019 年，财政用于教育的总支出明显逐年增加，从 2015 年的 855.67 亿元增加到 2019 年的 1 137.18 亿元，增长了32.90%。在深入贯彻落实高质量发展的城市发展目标下，北京市的总人数从 2017 年开始有所减少，但人均教育支出却一直保持着良好平稳的增速，从 2015 年的 0.39 万元/人增加到 2019 年的 0.52 万元/人，增长了 31.71%，与财政用于教育的总支出增速基本保持一致。就城六区来说，由于海淀区和朝阳区的人数较多，教育总支出也最高，而人均教育支出最高的是东城区，2015～2019 年人均教育支出增速最高的也是东城区，从 2015 年的 4 834.49

元/人增加到 2019 年的 9 369.47 元/人，增长了 93.80%，其次是西城区，增长了 75.60%；人均教育支出最低的是丰台区，人均教育支出增速最慢的也是丰台区，从 2015 年的 1 786.43 元/人增加到 2019 年的 2 026.43 元/人，增长了 13.43%。就郊区来说，人均教育支出最高的是延庆区，且 2015～2017 年增长了 58.61%，这与其加大财政用于教育的投入力度有关，不过延庆区 2018 年减少了教育总支出，人均教育支出也有所减少，为 5 851.90 元/人，2019 年有所回升，达 6 155.43 元/人，相对于其他区仍然较高。

2018 年 8 月 27 日，国务院办公厅发布的《关于进一步调整优化结构提高教育经费使用效益的意见》中表示，为全面加强教育经费投入使用管理，国务院要求，保证国家财政性教育经费支出占国内生产总值比例一般不低于 4%。确保一般公共预算教育支出逐年只增不减。2015～2019 年，北京市教育经费支出占地区生产总值的比重表现出逐年下降的趋势，并且均没有达到国家标准，表明北京市的财政性教育经费投入随着北京市生产总值的增长和人民群众对优质教育资源需求的增长仍需要不断加大。

医疗方面，推动分级诊疗制度建设，加快医疗卫生重点项目建设，积极推进首儿所、妇产、儿童、胸科等医院项目前期工作。2015～2019 年，财政用于医疗卫生（含计划生育）的总支出明显逐年增加，从 2015 年的 370.52 亿元增加到 2019 年的 534.41 亿元，增长了 44.23%。但人均医疗卫生（含计划生育）支出一直保持着良好平稳的增速，从 2015 年的 1 707.09 元/人增加到 2019 年的 2 440.13 元/人，增长了 42.94%。就城六区来说，人均医疗卫生支出最高的是西城区，2015～2019 年人均医疗卫生支出增速较高的为东城区和海淀区，分别增长了 83.23% 和 95.59%。就郊区来说，人均医疗卫生支出较高的是怀柔区和延庆区，2015～2019 年增长幅度最大的是延庆区，增长了 94.08%。

公共文化服务方面，2015～2019 年，北京市公共文化服务设施建筑面积逐年增加，其增速与北京市总人数增速基本保持一致，这表明目前北京市的公共文化服务设施可以很好地满足北京市民对于公共文化的日常需求。

三、社会维度方面高质量发展建议

继续严格控制人口总量上限。北京城市规模的控制目标是常住人口到2020年控制在2 300万人以内，并长期稳定在这一水平。建议北京中心城区继续进行非首都功能的有序疏解，非中心城区积极制定有效政策，吸引中心城区人口适度转移，同时促进人口结构的不断优化。

继续提高居民的受教育程度，提高受到高等教育的人口比例，并不断增加人均教育支出，提升人口素质。

促进文化发展水平的继续提升，逐年增加北京市公共文化服务设施建筑面积。

继续扩大医疗资源的供给，不断增加财政用于医疗卫生（含计划生育）的总支出。缓解"看病贵"和"看病难"的问题，尽量避免"因病致贫"或"因病返贫"的情形发生。

第七章

国内外主要城市高质量发展的对比研究

根据北京高质量发展的现状，我们选择了国内外的一些主要城市如伦敦、香港和广州等，结合他们在相应发展过程之中均产生过"大城市病"等问题，希望能够通过此次对比研究，为北京的高质量发展提供参考建议。

第一节　国际化大都市"大城市病"的表现及城市规划理论的发展

当前"大城市病"是一个全球性的问题，发达国家的一些城市曾经经历或仍在经历，新兴经济体国家的许多城市也普遍遭遇"大城市病"的困扰。大"城市病"的主要特点如下：一是人口无序聚集；二是能源、资源的紧张；三是生态环境的恶化；四是交通拥堵严重；五是房价居高不下；六是安全形势严峻；七是城市边界的无序蔓延。为了应对大城市发展过程中所遇到的上述问题，发达国家城市规划理论发展经历了城市田园疏散、功能分区、标准化和功能复合四个阶段。

一、田园疏散期

1898 年英国霍华德《明日的田园城市》提出"田园城市"理论，用卫星城建设取代摊大饼式扩张。第一次工业革命促进产业和人口向城市集聚，城市以前所未有的速度膨胀。以 19 世纪后期"公共卫生改革"和"城市美化运动"为起源，规划师开始系统地思考如何优化城市居民的生活环境和城市建设模式。1898 年英国霍华德（EbenezerHoward）发表《明日的田园城市》，提出"田园疏散"理论，用建设卫星城取代摊大饼式扩张；城市发展超过一定规模后，应在附近规划新的城市，而非扩展原城市，规划应平衡城市中住宅、工业和农业用地比，用绿地、农田包围社区。

二、功能分区期

1933 年法国柯布西耶的《雅典宪章》提出"居住、工作、娱乐、交通等功能分区"概念。第二次工业革命促进汽车普及，新交通方式为城市带来新发展契机。规划师开始从空间功能划分的角度考虑规划。1915 年格迪斯（SirPatrickGeddes）发表《演变中的城市》，首次从城市功能划分角度解读城市，并开创了调查—分析—规划的研究方法。1933 年法国勒·柯布西耶（LeCorbusier）在国际现代建筑协会会议中提出《雅典宪章》，即"集中现代城市"理论，针对当时大多数城市工业和居住混杂导致的居住环境恶化、交通拥堵等问题，提出居住、工作、娱乐、交通等功能分区概念。这一时期规划把建筑和公路的排布作为规划的首要工作，但观念相对机械和狭隘，忽略了市民使用角度的关怀。

同时，这一时期芬兰学者埃列尔·萨里宁（ElielSaarinen）针对大城市过分膨胀所带来的各种弊病，提出了在城市规划中疏导大城市的"有机疏散理论"（theory of organic decentralization），他在 1943 年出版的著作《城市：它的发展、衰败和未来》中对其进行了详细阐述，并从土地产权、土地价格、城市立法等方面论述了"有机疏散理论"的必要性和可能性。他认为今天趋向衰败的城市，需要有一个以合理的城市规划原则为基础的革命性的演变，使城市有良好的结构，以利于健康发展。他认为这种结构既要符合人类聚居的天性，便于人们过共同的社会生活，感受到城市的脉搏，而又不脱离自然。

第二次世界大战之后，西方许多大城市纷纷以沙里宁的"有机疏散"理论为指导，调整城市发展战略，形成了健康、有序的发展模式。其中最著名的是大伦敦规划和大巴黎规划。1945 年完成的大伦敦规划对以伦敦为核心的大都市圈作了通盘的空间秩序安排，以疏散为目标，在大伦敦都市圈内计划了 10 多个新镇以接受伦敦市区外溢人口，减少市区压力以利战后重建。而人口得以疏散关键在于这些新镇分解了伦敦市区的功能，提供了就业机会。后来，伦敦政府换了许多届，但这个规划没有变，建成了一系列的新城。

三、标准化期

1969 年麦克劳林提出标准化规划模型，输入变量即可导出方案，帮助城市快速建设复制。第二次世界大战后城市重建、经济复苏和人口暴增带来了大量城市建设需求。1952 年法国刘易斯·凯博（LewisKeeble）出版《城乡规划的原则与实践》，提出理性规划的工作程序；1969 年英国布瑞·麦克劳林（BrainMcloughlin）发表《系统方法在城市和区域规划中的应用》，在规划中引入系统论和控制论。规划师提出一套基于数据和定量分析的规划控制模型，在应用时输入变量，利用模型导出规划方案，极大提高了城市规划和建设的速度。这一时期规划理论的关键词是"理性"和"科学性"，计划经济色彩浓厚，缺乏创意。

四、功能复合期

1977 年国际建筑师协会《马丘比丘宪章》提出"社会文化论"，反对明确功能分区，提倡构建以人的社会活动为核心、功能复合的城市环境。1961年美国简·雅克布（JaneJacobs）出版《美国大城市的生与死》，探讨城市多样性和活力社区的关联。1977年国际建筑师协会《马丘比丘宪章》把城市定义为一个动态系统，与明确功能分区相反，强调构建以人的社会活动为核心、功能复合的城市环境；强调城市应适应多变的市场并满足不同利益群体的诉求，摒弃雄心勃勃的大规模宏伟建设，回归以人为本的城市建设。目前国际上流行的城市发展理论是更加注重可持续发展的紧凑城市、新城市主义与精明增长理论。

三大理论比较如图7-1所示，传统城市和新型城市发展模式比较如表7-1所示。

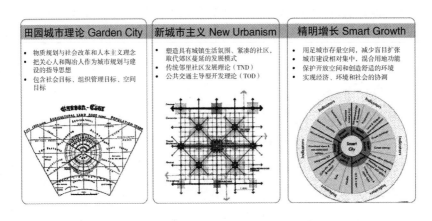

图7-1　三大理论比较

表7-1　　　　　　传统城市和新型城市发展模式比较

项目	传统城市	新型城市	精明增长工具
管理目标	经济导向	可持续发展导向	宜居城市，关注生活质量
增长模式	外延式增长——空间扩散，新城建设，摊大饼式	内填式发展——注重对内城改造，古迹保护，分散化集中	成长边界；棕地计划
密度	低密度，中心分散	高密度，活动中心集聚	紧凑建筑计划

续表

项目	传统城市	新型城市	精明增长工具
交通取向	面向小汽车的交通发展模式	向提供多样性交通方式的方向发展	TOD；步行式社区
环境保护	忽视环保，低效使用资源	重视环保，高效利用资源	绿地、开敞空间、敏感地保护
住房	主要关注白领阶层住房需求，舒适度和宽敞度	在尺寸样式上满足不同阶层人们的住房需求	Affordablehousing
基础设施及土地利用	面向新区开发，土地功能分散	新旧城区协调发展，土地多功能组合利用	The Life New Your Work Program，公共设施可达性
规划过程	精英规划，政府部门很少就规划进行协商和沟通	由政府部门和相关利益团体共同规划协商	引导企业和公众参与规划

资料来源：在 Galster "WrestlingsprawltotheGroud；Definingandmeasuringanelusiveconcept" 基础上发展。

第二节　伦敦的高质量发展及对北京的启示

一、伦敦的高质量发展

伦敦是英国的政治、经济、文化和交通中心，最大海港和首要工业城市，世界十大都市之一。外交部 2022 年数据显示，伦敦作为欧洲第一大城市，面积约 1 577 平方千米（约为北京面积的 1/10），人口约 900.2 万人。从行政层面来说，大伦敦行政区划泰晤士河穿过伦敦，将城市划分为南、北两部分。伦敦的行政区划分为伦敦城（金融城）和 32 个市区，伦敦城外的 12 个市区称为内伦敦，其他 20 个市区称为外伦敦。

伦敦在世界上率先推出现代城市规划和管理理念，在空间结构优化、功能结构调整、缓解交通拥堵、城市有机更新等方面实施了不少有效举措，成功促进了人口疏解、产业转型和城市竞争力的提升。如今的伦敦已经是高质量发展城市的典型代表，几十年来，其"卫星城市""田园城市""组合城市"和"交通引领城市发展"等理念的提出与落实，值得世界各大城市借鉴与学习。

（一）"田园城市＋绿色交通"加速伦敦发展进程

早在1898年，规划师霍华德即对伦敦的城市发展提出了新的构想。构想中伦敦被规划为内圈和外围各圈，内圈为中心城市，设有行政中心、产业集聚区、文化功能区、医疗服务区、居住区及各种服务业聚集区等，外围各圈由不同种类的田园城市所组成，包括工厂、牧场、市场、煤场、木材场、奶场和仓库等。田园城市从实质上说，是城市与乡村的结合，兼有城市和乡村的优点，从这一构想出发，伦敦的规划发展深受"朝着为健康、生活和产业而设计的城市布局发展"理念的影响，在避免城市的恶性膨胀、加速减量发展进程等方面获益匪浅。一个显而易见的例子就是，19世纪末到20世纪80年代，伦敦曾是世界闻名的"雾都"，但通过采取严厉的城市规划与环保立法，伦敦已经成功地控制了城市污染，改善了空气质量，推动了城市高质量发展进程。

交通系统是城市的骨架，交通系统和项目用地的关系好比人体筋骨和肉的关系。只有交通系统的发展和城市发展互相衔接、深度匹配，才能避免交通拥堵等"城市病"，实现城市的健康发展。伦敦在落实交通引领城市发展，尤其是绿色公共交通引领城市发展方面有着诸多先进之处。

伦敦的交通用地占建设用地的20%，与北京大致相当。但是伦敦是典型的小街区、窄马路、密路网模式，同样的道路用地面积对应更高的道路长度，伦敦整体道路里程是北京中心城区的4倍，整体路网密度是北京中心城区的3.4倍。

在轨网里程和站点密度方面，北京地铁总里程领先于伦敦，但国铁通勤作用和伦敦有差距。在伦敦，国铁比地铁承担了更多的通勤作用。《国际观察》杂志中显示，伦敦国铁里程数达到了772.7千米，轨道（含地铁和国铁）线网密度和站点密度均能达到北京的2倍以上，对居住区的500米覆盖半径能达到95%，体现了更高的公共交通便捷程度。

伦敦在绿色出行方面一直是国际领先，伦敦地铁、国铁和公共电汽车的交通分担率达 42.9%，占绿色出行比例的 65%；而北京地铁和公共汽车的交通分担率只有 31.2%，占绿色出行比例的 43%，伦敦的公共交通在绿色出行方面发挥了更大的作用。究其原因，一方面是伦敦公共交通服务水平的保障，另一方面是近年来伦敦划定拥堵费区（CCZ）和低排放区（ULEZ），使通过机动车出行的市民需要付出更大代价，倒逼绿色出行比例的提升。以上班族为例，几乎所有人都不开车上班，其中大部分人都是坐地铁、国铁或者公共电汽车上班，可见公共交通在伦敦市民生活中的重要地位。①

（二）"卫星城市＋组合城市"助力伦敦高质量发展

针对伦敦城市发展过程中工业和人口的过度聚集问题，伦敦城市规划师提出了"卫星城市"概念，即在伦敦中心城市的外围建设与其功能联系紧密的城镇。功能联系紧密的城镇如：生活城、工业城、文化城、科学城等。这样做的目的是让大城市能够循着合理、健康、平衡、协调的方向发展。把伦敦所在城区设计成伦敦郡，用一圈绿带把伦敦郡和周边的"卫星城"隔离开来，伦敦郡为母城，周围的"卫星城"为子城，卫星城承担母城的部分功能，以保证母城不会过分扩张。

20 世纪 40 年代，伦敦首批 8 座新城（见表 7 - 2）全部由政府投资，是政府实施经济社会政策的重要手段。伦敦新城发展了田园城市理论和实践，在选址和规划上具有一些共同特点：都位于交通便捷之地；一般规模不大（人口 5 万人）左右，采取低密度发展模式；工业用地与居住用地严格分区，居住区以邻里单位布局；一般都有宽敞的城市中心区；重视城市景观建设，城市中心及周围规划有大片绿地和开放空间，所有新城都有绿带环绕；道路网多采用曲线和直线结合的方式。一些新城在初建时期因征地、拆迁等问题与居民发生矛盾，导致新城建设延缓，虽未完全实现规划人口目标，但也疏散了市区的少数人口和产业。

---

① 王如昀. 伦敦以交通引领城市发展理念与方法简介［J］. 北京规划建设, 2020 (3)：188 - 191.

表 7 - 2 　　　　　　　　　大伦敦地区的 9 个新城镇

新城 \ 项目	指令时间	距母城中心 距离/km	规划人口 规模/万人	规划用地 规模/km²
斯蒂文乃奇（Stevenage）	1946	50.0	6.0	25.3
克罗利（Crawley）	1947	51.5	5.0	24.0
汉默·汉普斯泰德（Hamel Hempstead）	1947	42.0	6.0	23.9
哈罗（Harlow）	1947	37.0	6.0	25.9
海特菲尔德（Hatfield）	1948	32.0	2.5	9.5
韦林田园城市（Welwyn Garden City）	1948	32.2	5.0	17.5
贝丝尔登（Basildon）	1949*	48.0	5.0	31.7
布莱克奈尔（Bracknell）	1949	48.0	2.5	13.4
密尔顿·凯恩斯（Milton Keynes）	1968	72.0	25.0	89.0
（伦敦新城平均值）	——	45.1	6.6	27.6

资料来源：迈克尔·布鲁顿，希拉·布鲁顿. 英国新城发展与建设［J］. 于立，胡伶倩，译. 城市规划，2003（12）：78 - 81.

针对伦敦中心城区劳动者的大量流入，为改变人口与工业极度密集的状况，伦敦提出了"组合城市"概念，计划把城市密集的人口与相关工业迁出中心城区，将大伦敦按照单中心同心圆封闭式系统进行规划，实现伦敦城的有机疏散。

具体做法是，把伦敦城由内到外划分为四层地域圈，即内圈、近郊圈、绿带圈和外圈。内圈：是主城区，在主城区要控制工业发展，对老旧街区进行改造，并保证较低密度的人口规模。近郊圈：主要供人群居住，为人们提供良好的居住空间，人口密度要受到一定的限制。绿带圈：是一个主要提供休闲娱乐活动的区域，其中有大约 8 公里宽的绿化带，设置有森林、运动场地和各种游乐场地等，这一区域内要严控其他类别建筑的建设。外圈：为中心城区所疏散的工业和人口提供足够的地域空间。

20 世纪 40 年代至 21 世纪初，依照区域规划的理念，大伦敦城市发展规划经历了几次大的调整：1944 年，大伦敦采取以内城为核心，向各个方向延伸 50 公里的范围进行开发和建设。1967 年，出台伦敦《东南部战略规划》，拓展大伦敦有机疏散工业和人口的空间，将伦敦都市圈规划半径延伸最长至

100 千米，并依托 3 条主要快速干线向外扩展，打造 3 个长廊地带作为发展轴，连接 3 座卫星城镇，极大地协调和平衡了伦敦及周围地区之间的经济、人口等关系。1970 年，进一步调整规划战略，提出了著名的"长廊和反磁力吸引中心"方案。一方面是依托规划长廊发展城市经济，安排布局人口；另一方面是把伦敦居民点体系的规划布局看作是反磁力吸引体系的布局，一定区域内的城市副中心、小城镇与伦敦中心城市一起被规划成为大伦敦城市群。1970 年至 21 世纪初，伦敦开始启动旧城改建和保护规划，其间发表了新的伦敦战略规划建议书，从重视伦敦经济重新振兴、提高伦敦居民生活质量、提升伦敦面向未来的持续发展能力，以及为每个人提供均等发展机会四个方面确立了城市未来规划发展的目标。以上举措的实施，使伦敦的城市化进程加快，也保障了其高质量发展。

（三）伦敦规划 2021，良好增长可持续

2021 年伦敦发展计划描述了未来 20～25 年内大伦敦的空间发展战略。它为伦敦未来发展制定了一个战略框架，揭示了伦敦今后会优先发展哪些方面，对各区域将如何定位，政府将重点投资哪些领域等关键问题。这个计划整合了大伦敦政府对伦敦未来发展的多个专项策略，提供了一个更高层次的空间发展框架。

根据该文件，伦敦每个区域的地方规划必须与伦敦的总体规划基本保持一致，以确保伦敦的规划系统以统一的方式运作，并实现可持续发展的总体战略。报告估计，预计到 2041 年，伦敦的人口将会从现在的 890 万人增长到 1 080 万人，巨大的人口流入量将会对伦敦的土地和空间使用带来不小的压力，在这种情况下，该计划提出良性增长政策，在"建立强大而包容的社区""充分利用土地""创建健康的城市""交付伦敦人需要的房屋""经济发展良好""提高效率和弹性"六个方面设定良好增长目标，实现伦敦具有社会和经济包容性的增长。

1. 促进社区内的发展。给予更多的政策支持，提供必要的基础服务设施与社会服务设施，鼓励各群体参与地区发展的构建。

2. 更有效的使用土地。

（1）建成47个发展机遇发展区。这些地区一般有着较好的交通可达性（比如可以步行或者乘坐公共交通上班或者娱乐），也有可用于拆迁改造的棕地（相当于我国的旧城改造区）。

（2）开发公共部门和位于郊区的闲置土地，重视小面积空余土地的开发和发展。

3. 保护环境，促进可持续发展。

（1）到2041年，计划伦敦居民80%的行程将通过步行、骑自行车和公共交通工具的方式进行，到2050年伦敦成为"零碳"城市。

（2）保护伦敦的绿化带和自然保护区的面积。

（3）确保建筑物和基础设施的设计能适应不断变化的气候环境，减少洪水和热浪等自然灾害的影响，同时也计划减轻甚至避免造成城市热岛效应。

（4）未来所有的新建筑物须按零碳标准建造，尽量减少拆卸或者再利用建筑废物。

4. 建设更多的住房。

（1）每年新建5.2万套住宅。

（2）10%的新住房必须符合无障碍的最高标准。

（3）未来50%新房需是民众真正负担得起的。

二、对北京的启示

（一）突出中心城区的集聚效应，发挥辐射、带动功能

所谓中心城区的集聚效应，一般是指中心城区因产业、企业和居民在空间上的集中而导致的经济利益增加或成本节约。大伦敦在发展历程中，其中心城区的空间集聚性十分明显，并对周边城市形成了强大的辐射与带动作用。当前，大伦敦城市规划尤其强调城市中心区的更新改造，目的就是要让中心城区充满活力，通过环境改造、产业布局调整等提升中心城市的集聚效应和

辐射功能。相比之下，北京市域面积远大于伦敦，"多点""一区"，尤其是"多点"新城为中心城区的功能疏解和人口承接提供了广阔的空间腹地。

（二）优化交通网络，加快发展进程

北京是典型的多中心空间结构，要达到和伦敦一样的公共交通可达性需要更高的轨网密度，而实际上北京中心城区的轨网密度和站点密度分别只有伦敦的37%和38%，从经济角度看不宜简单模仿伦敦模式。要发挥多中心布局优势，减少"多点"新城对中心城区的依附。一方面要以功能疏解为抓手引导就业人口向"多点"新城转移，另一方面要提升新城综合承载能力，打造"反磁力系统"，在组团内部实现职住平衡，从根本上减少长距离通勤需求。

（三）疏解非首都功能，提高土地利用效率

大伦敦在早期发展过程中，就已经考虑到了要实现"城"与"乡"在地域上的一定隔离，同时也要保证"城"与"乡"的适度融合。大伦敦后期所进行的卫星城镇建设以及"反磁力中心"城市建设，都力主将中心城区的工矿企业、大专院校、科技园区等疏散到周边城市里去，实现中心城区与周边城市的优势互补、均衡发展。从实践来看，20世纪60年代起，大伦敦就依托交通廊道建设了三个规划人口数达25万人至30万人的新城，在功能上相对独立，并承接了中心城区的部分人口和功能。注重大伦敦都市圈的有机疏解，确实缓解了大城市人口密集、交通拥堵、住房紧张等问题，也为实现大伦敦的长期可持续发展奠定了良好的基础。

因此，北京中心城区应大力疏解非首都功能，大幅压缩产业用地，提高土地利用效率。从用地结构和岗均建筑面积两方面看，中心城区的产业用地面积偏高，与伦敦标准比还有较大的压缩空间。规划编制层面，可将岗均产业用地和建筑规模作为参考指标，对产业用地和建筑规模进行压缩，避免人均指标偏离实际，影响"双控"目标的实现。规划实施层面，要大力疏解不符合城市战略定位的产业，建成区要探索城市有机更新路径，提高产业用地

效率：乡镇要推进统筹利用农村集体经营性建设用地试点，加快腾退低效集体产业用地，提升发展质量。

（四）传统与现代化，共同发展

伦敦最突出的特点是对这一城市的轮廓线或称天际线保存得相当完好。所谓轮廓线，就是那些最能代表伦敦历史、建筑特色的象征，包括议会大厦、威斯敏斯特大教堂、白金汉宫、伦敦塔桥、大英博物馆、海德公园、格林尼治天文台原址等七大元素。历代国王的加冕仪式在威斯敏斯特大教堂举行，历代君王的住所白金汉宫早已对市民开放，海德公园的自由论坛角被称为伦敦的心脏……这些建筑并不只是用来欣赏的，作为一种承载历史、记录现在的符号，它们已经渗透在伦敦人的生活之中。对于伦敦的这些镇市之宝，英国政府不惜一切代价将其完整地保存下来。

伦敦也并不是没有现代建筑，站在泰晤士河边，沿河望去，吸引了众多游人的摩天轮"伦敦眼"、全钢结构的"千年桥"、螺旋式外观的瑞士再保险公司总部大楼等摩登建筑就会映入你的眼帘。但是非常重要的一点是，这些摩登建筑的建造并没有以牺牲老建筑为前提，伦敦整个城市的风骨并没有因为少数新建筑的加入而被破坏。伦敦向世界大城市展示了这样一个理念：传统与现代化，并不是格格不入的。北京亦是一座文化古城，伦敦传统和现代化的城市理念，就值得北京城借鉴与学习。

（五）以问题为导向，与时俱进优化空间战略规划布局

大伦敦在城市规划发展过程中，不同阶段面临的问题与重点是不一样的，例如早期是城市无序扩张的问题，中期是环境空气污染严重的问题，进入后期是中心城区亟待更新改造的问题，在当下则是产业布局的重新规划问题。在大伦敦都市圈建设发展的过程中，始终以当期问题为导向，以未来发展为指针，根据城市不同阶段的特点、问题和需求，进行积极而且有效的城市空间规划。这种"以问题为导向，以效果为依据"的方法，引导大伦敦发展规划始终沿着"发现问题—寻找方案—解决问题"的路径前进。

第三节　新加坡的高质量发展及对北京的启示

外交部 2022 年的数据显示，新加坡共和国国土面积为 733.2 平方千米，总人口约为 564 万人，人口密度为 7 692 人/平方千米，是一个自然资源匮乏且种族多元的国家，经过半个多世纪的艰苦奋斗，实现了城市化和工业化的快速发展，最终成为了经济发达、环境优美、社会安定的现代化城市型国家。2019 年全球金融中心指数排名报告显示，新加坡是继纽约、伦敦、香港之后的第四大国际金融中心，也是亚洲重要的服务和航运中心之一。此外，新加坡还位列"2019 年全球城市经济竞争力榜单"第三位、"2019 年全球可持续竞争力榜单"第一位。北京和新加坡有较强的相似性，同样是人口和建筑密度高、开发力度大的样板型城市，新加坡成功打破了"大城市不适合建设宜居城市"的言论，成为亚洲甚至世界上高密度大都市建成宜居城市的成功案例。这不仅丰富了世界城市规划的知识体系，也在城市生产、生活和生态空间的高质量发展上具有成功的经验，对北京的高质量发展有很大程度的参考价值。

一、新加坡的高质量发展

纵观新加坡的城市发展实践，新加坡从经济、社会、生态、空间和管理五个维度进行城市的高质量发展。具体表现在城市生产空间的创新型产业升级、城市生活空间的多维度融合与平衡发展，以及城市生态空间的宜人环境三方面。

（一）城市生产空间

在城市生产空间层面，新加坡追求集约、集群、高增值的创新型产业升级。产业是城市发展的基础和驱动力。在产业转型与升级过程中，新加坡紧跟世界产业发展潮流，成功完成了一轮又一轮的主导产业更迭。20 世纪 60 年代，新加坡还是以成衣服装为主的劳动密集型制造业；到了 70 年代，则发展为以石化、电子、综合制造为优势的资本—技术密集型制造业；再到 80 ~ 90 年代的高科技产业，21 世纪前十年的媒体、信息资讯等知识密集型制造业及健康、生活时尚等新兴服务业；近十年，新加坡走在产业创新的最前沿，加大研发投入强度和高附加值产业活动。值得关注的是，在新加坡的整个发展进程中，并没有盲目效仿全球多数城市的"去工业化"风潮，反而是坚持走先进制造业与知识密集型服务业相结合的发展道路。

日本学者山村能郎在《集约型城市构造》一书中指出，集约型城市具有以下三方面基本特征：城市居民以公共交通为主要出行方式；沿交通轴带开发而形成高密度土地利用；促进城市中心居住，控制城市用地扩散，保护郊外环境。因此，新加坡实际上就是集约型城市模式，该模式的具体策略包括三方面内容：第一，选择战略区域并优先建设综合公交转换站及多功能活动中心，以此保证便捷换乘；此外，在公交枢纽周围开发建设高层高密度住宅区和商业中心，为公交导向型发展创造有利条件。第二，不断延伸公交网络，大力鼓励市民使用公共交通工具。推行拥车证制度以控制车辆增长，并采用电子公路收费系统来管理道路。第三，采取高层高密度的居住小区模式来开发居住空间；采取集约型工业园区、集中式商业街区、金融集中服务区来建设产业空间。

（二）城市生活空间

在城市生活空间层面，新加坡大力谋求"家—族群—社区—市镇"的多维度融合与平衡发展。新加坡是一个注重家庭、种族、阶层、社区及市镇的融合发展的国家，通过以下五方面措施形成了社会大融合的和谐氛围：一是注意增进家庭亲和力。新加坡出台了联合抽签制度，允许父母与已婚子女申请相邻的组屋，并且推行多代同购优先配房计划或多代同堂住屋计划，鼓励大家庭生活或就近居住。此举措既有助于传承尊敬与孝顺的亚洲价值观，又有助于推行家庭养老模式。二是鼓励多种族人口混合居住。根据各种族人口比例，设定了每座组屋、每个邻区的种族人口比例限制。三是大力促进社区融合发展。通过推出组屋底层开放公共空间设计，来增加社区公共活动空间，培养跨种族、跨文化的社区精神，增强社区之间的凝聚力。四是采取差异化的住房供给政策，推动社会各阶层融合发展，包括中产阶层、老年人、单身人士和新移民阶层。五是重视产、城和人的融合发展。具体行为包括：在城市总体规划的制定中，规划师通过入户采访，评估从家到公司的交通需求，保证未来生活形态和工作之间的平衡；在主要商业中心周围配套建设大量公共住宅，减少居民对通勤交通的需求；在各新镇边缘配置无污染工业企业，为新镇居民提供就近就业的机会。

此外，教育、医疗等公共设施的完善也是城市高品质生活空间的重要组成部分。教育方面，新加坡作为国际知名教育中心之一，教学方法灵活，并致力于培养创新创业型人才，为其科技立国奠定了基础。近年来，新加坡本土人口出生率降低，中小学入学人数、教育机构和教师数量也有所减少，但是新加坡政府在教育开支方面却稳步增加，高等教育发展势头强劲。医疗方面，新加坡同样也是国际医疗保健中心和国际医药中心，其医疗卫生系统世界排名第六位，被世界卫生组织评选为亚洲最有效的医疗卫生系统；新加坡人均寿命 83 岁，位居全球第四位。各类医院的数量、病床数及医疗人员数量也常年保持稳定或稳步增加。

（三）城市生态空间

在城市生态空间层面，新加坡积极构建多样互补、水绿相融的宜人环境。新加坡生态空间与其他国际大都市相比并不算高，约占国土面积的46.7％。但其生态空间具有以下特点：一是水域、林地、自然保护区、海滩、湿地、山丘、岛屿等生态空间类型丰富多样。二是绿化覆盖率高。据统计，2020 年新加坡拥有公园 350 多个，绿化总面积达 32 359 公顷，约占国土面积的45％。并且规划到 2030 年，每个居住区 500 米范围内拥有一个 1.5公顷的公园，人均公园面积将达到 8 平方米。三是重视立体绿化。2020 年新加坡拥有空中绿化面积 150 公顷，规划到 2030 年将增加至 200 公顷。四是生态空间的连通性良好。新加坡利用河道和绿带设置生态休闲走廊，再配合道路绿化，共同形成了城市的蓝绿系统框架。规划到2030年，公园连道长度将达到400千米。具体如表7-3所示。

表7-3　　　　　　　　　　新加坡的公园、绿地与水域

指标	2000年	2009年	2013年	2020年	2030年（规划）
公园总数/个	281*	315	337	350*	—
内陆水域面积/hm²	1 000	1 000	1 000	1 000	—
水库面积/hm²	3 700	3 700	3 700	3 700	—
绿化总面积/hm²	7 500	10 325**	—	32 359	—
其中：公园和自然保护区占地面积/hm²	2 500	5 700***	—	—	7 250
空中绿化面积/hm²	—	10	61	150	200
公园连道长度/km	—	113	216	360	400
开放给休闲活动的水域面积/hm²	—	650	—	820	900

　　注：公园总数包括区域、新镇和社区公园。＊为2002年数据；＊＊为2008年数据；＊＊＊为2010年数据。

　　资料来源：薛义华，程天富，余熙明. 新加坡房地产市场的变革与创新［M］. 北京：中信出版集团，2019.

　　王静，徐拓. 协调美观、健康舒适、以人为本——新加坡绿色建筑的立体绿化特色研读［J］. 建筑与文化，2019（5）：99-101.

　　张天洁，李泽. 高密度城市的多目标绿道网络——新加坡公园连接道系统［J］. 城市规划，2013，37（5）：67-73.

二、对北京的启示

（一）科学把握城市高质量发展的起点和目标

　　北京要想科学把握城市高质量发展的起点和目标，可以借鉴新加坡的成功经验。新加坡的发展经验表明：民意和民需是城市发展的起点；具有竞争力的经济、可持续发展的环境与高品质的生活是城市发展的最终目标。因此，北京要注意协调经济、社会、生态、空间和管理等方面之间的综合平

衡，这是城市高质量发展的重要手段。新加坡正是以"小市场、大流量，小集群、大产业，小社会、大融合，小绿地、大网络，小市镇、大簇群，小政府、大格局"的特色而跻身于全球城市前列。但在北京的建设进程中，存在偏重物质形态建设、过分注重形象工程塑造的思维偏向，对优秀城市品格和优美生态环境等政策目标重视程度不够。因此，北京应借鉴新加坡的成功经验，坚持以满足居住、就业、交通等基本民生需求、维护土地功能的可持续性和提高城市的宜居水平为重点，真正践行以人民为中心和经济、社会、生态、空间可持续发展为理念的方针政策。

（二）坚持走低成本的城市化道路

北京的房地产价格过高一直是全国人民热议的话题，也是北京高质量发展过程中急需控制的问题。而新加坡通过土地征用，不仅为其港口、公路、机场、地铁等基础设施建设及产业园区建设提供了低成本的用地保障，也非常有效地控制了房地产价格，提升了产业竞争力，夯实了城市发展的基础。也正因为较好地控制了城市化成本，新加坡的房价收入比相比其他国际大都市更具有理性。近年来，北京的房价已明显高于新加坡。低成本的城市化模式启示我们：可能房地产开发在就业和税收上创造了一定的短期收益，但持续飙升的房价会严重削弱实体产业的竞争力及对青年人才的吸引力，在一定程度上也损害城市的整体竞争力；再者，高地价和高房价也未必能带来土地的集约利用。因此，适度控制北京的房地产价格及其他生活成本的过快上涨，追求长期的产业经济效益，要远胜于追求短期的房地产经济效益。

（三）妥善处理城市空间发展和保护之间的问题

北京是大都市，而新加坡是城市型国家，都需要妥善处理发展空间与保护空间的竞争难题。新加坡没有农业，粮食、猪肉等食物供给均需依赖国际市场。也正因为新加坡人口规模有限，食物需求量也有限，再加之其对外开放程度较高，海陆空交通发达，因而能够通过国际市场解决食物进口问题。20 世纪 80 年代中期，新加坡有 610 个养猪场。但是，为了节约有限的土地资源和水资源，尽可能地消灭污染环境和破坏公共卫生的行为，新加坡政府果断做出了取缔养猪业的决定，并将其改建成为集水区，部分土地也被规划为公共住宅和轻工业。再加之其动迁安置和补偿工作到位，此举不仅解决了长期存在的环境污染问题，更是改变了人们的生活方式，提升了土地价值。因此，这也给北京的高质量发展带来一定的启示：通过合理分配土地空间，或农业空间向生态空间的适度转换，在一定程度上可以有效规避发展空间与农业和生态空间的竞争难题，进而平衡经济发展与生态保护之间的矛盾。

第四节　香港的高质量发展及对北京的启示

一、香港的高质量发展

香港是世界上人口最密集的城市之一，早在英国统治时期，香港的高密度发展模式就已经举世闻名。回归 20 多年来，香港的人口从 1997 年的 650.21 万人增加至 2022 年的 734.61 万人，人口增加近百万，城市密度有增无减。结合北京市统计局数据，2019 年香港的人口密度约 6 930 人/平方千米，远高于北京的 1 303 人/平方千米。

香港也在建设多而有序，密而不堵，紧凑、便捷、高效、富有活力的城市之路上不断探索，形成了其特有的城市形态和发展模式。因此，在香港的高质量发展的进程中，最突出的且最有借鉴意义的就是它的紧凑型发展模式，行之有效地缓解了人口多、土地资源匮乏的问题。纵观香港的紧凑型发展模式，我们可以从以下四点进行总结。

（一）集约用地，竖向发展

香港的土地资源匮乏，要想让有限的土地资源承载高强度的城市活动，仅仅通过减少建筑物的间距是远远不够的。因此，必然要在用地建设上集约利用，来增加建筑物的容积率，于是竖向发展就成为香港城市高质量发展的特点之一。在城市中心地段，建筑容积率普遍能达到 7～10，这样高容积率的建设再加上较小的建筑物间距，中心区就会呈现高楼耸立的景象。城市各个功能区之间的关系也被拉近，建筑融入整个城市中，进而形成了集各种功能于一身的"城市综合体"。由于距离被缩近，交通的可达性和便利性得到提升，能耗也大大减少，也进一步扩展了城市环境容量。

（二）高效公交，复合空间

紧凑发展模式的关键之一是需要一个高效便捷的公共交通系统，香港的公交体系具有三个方面的特征。首先，公共交通方式多样化。香港的公交体系主要有地铁、公交、巴士、轻轨、轮渡等方式，居民选择出行方式变得多样和便捷，在一定程度上减弱了居民对私人交通的依赖，不仅使得交通通行能力得到提升，对城市的生态环境也起到了保护作用。其次，公共交通与城市建设相结合。通过发展交通枢纽点的方式，推动社区和城市中心的发展，从而分散城市各功能，形成多中心空间格局，可以有效地降低人们的通行距离，提高交通效率。最后，公共交通与建筑空间相融合。利用公共交通的空间可达性，从地下、地面、地上三个维度与其他建筑空间进行整合，有利于提升人们的步行效率和公共建筑空间的连接性。

（三）公共空间多维度发展

香港土地资源紧缺，公共空间匮乏，因此对有限的空间的高效利用方式显得尤为重要。香港在用地功能复合的基础上，充分发展公共空间的多维度模式，以此来适应高密度的人群需求，营造有活力的公共生活氛围。公共空间的多维度发展主要体现在两方面：一是街道空间分层化。人行天桥系统将街道空间延展到了二层，在解决人车分流问题的同时，给人们提供了绝佳的步行体验。二是多元公共空间拓展。为解决香港开放空间不足的问题，一切能承载公共活动的空间都被充分考虑，因此，露台和建筑屋顶自然就成为公共空间的一个重要来源。

（四）混合居住激发社区活力

紧凑发展模式下，香港的多中心的空间格局很容易造成社会矛盾，建立公屋与私人楼宅的混合居住在一定程度上可以缓解社会矛盾，打造出具有活力的社区氛围。例如香港新市镇公屋的公屋供应量不足，其中入住新市镇的居民大多也都是低收入群体，大量低收入群体的定居势必会对社区活力的多元性造成不利影响。为此，香港特区政府鼓励混合居住模式，提供多种房屋组合销售模式，并将公屋与私人楼宇按照接近1∶1进行配置，使新市镇的居民社区活力得到提升，从而减少社会矛盾的发生。

二、对北京的启示

（一）用地紧凑发展

要想增加城市中心的建设量，减少土地资源的浪费，北京可以学习香港的紧凑发展模式。用地紧凑是优化城市配置，促进城市高质量发展的重要前提。想要完成紧凑发展模式的转型，无论是老城区还是新城区，都应该控制城市建设用地的发展规模，严格落实国土空间规划的城镇开发边界线，以防城市无序化的开发。此外，在固有原建设用地的情况下，在环境承载力可承受的范围内可以进行竖向发展，减少土地利用的浪费并增加城市中心的建设量。

（二）交通疏解高效

北京的交通问题一直是人们的诟病对象，也是北京高质量发展下急需解决的问题之一。目前北京的交通拥堵情况虽然已经有所缓解，但中心城区的拥堵仍很严重。道路堵、停车乱、地铁挤、公交慢、换乘不便是北京交通面临的主要问题。因此，北京可以借鉴香港的公共交通体系，将公共交通系统覆盖到城市的各个角落，发展不同的出行方式，提供便捷的交通换乘服务。此外，还要大力鼓励人们公交出行，以此减少人们对私人交通的依赖。在老城区的改造中，保留最初的街道空间，将部分车行道路改为人行道，打造便捷舒适的交通环境；而在新区建设中，中心地段可采用架天桥的方式，一方面创造人行活动空间，另一方面疏解人车之间的矛盾，减少交通堵塞。当城市圈层式发展到一定程度后，单核城市会向多中心的布局转变，可以分散过多的交通压力，减少大量的人流通勤活动，从而从源头上缓解交通压力。

（三）空间公共宜居

在城市公共空间的发展上，香港的"三位一体"建设模式同样对北京有一定的启示意义。香港鼓励城市公共空间的发展，结合用地紧凑、功能整合的"三位一体"建设模式，把城市的公共空间往竖向化的方向引导，利用屋顶、人行天桥等空间打造立体的城市公共空间。香港还将公共空间与公共交通空间相连接，并对交通空间进行潮汐利用。此外，将空间所有权与使用权分离，鼓励开发商为公众提供更多的城市绿地、广场和景观空间，创造更多的人与人之间交流和活动的场所，提供宜居的生活体验。

（四）社会活力多元

北京是一个极具有活力的城市，也一直力求打造成为全国的政治中心、文化中心、国际交往中心、科技创新中心。同样，在北京高质量发展中，可以借鉴香港的经验，营造社区活力和多样化的生活方式，以此来激发整个城市的活力。其一，可以在新区鼓励混合式居住模式，构建多样化的房屋组合模式，加强不同居民之间的交流，开展形式多样的社区活动，促进各社区的交流和活力；其二，加快新城区的紧凑发展，在新城区通过政策倾斜提供更多的就业机会和岗位，吸引更多的人才到新城区就业，也能减少依附老区的通勤成本和交通压力，增加新城区的发展活力，避免居住或就业模式单一导致的社会问题。

第五节　广州的高质量发展及对北京的启示

一、广州的高质量发展

根据第七次全国人口普查结果，截至 2020 年 11 月 1 日零时，广东省的常住人口为 126 012 510 人。广州市作为国内土地资源约束最为突出的特大城市之一，在总体规划中提出了"严控总量，逐步减量，精准配置，提质增效"的建设用地调整策略，经过"严控总量和逐步减量"来推动城市转型，以进一步促进广州的高质量发展。

（一）留住"绿水青山"，让绿色成为高质量发展的最美底色

降碳、减污、扩绿、增长，广州持续深入打好蓝天保卫战、碧水保卫战、净土保卫战，推进"无废城市"建设。让广州的天更蓝、山更绿、水更清、生态更优美。尊重自然、顺应自然、保护自然，是全面建设社会主义现代化国家的内在要求。广州坚持推动绿色发展，高质量建设人与自然和谐共生的"绿美"广州。

而绿色发展并不仅仅是简单地改善环境、污染防治，更是要把绿色低碳融入经济社会发展的各个方面，以绿色化生态化引领城市发展。

广州城市更新中的老城区绿地空间建设就充分体现了广州对良好生态环境的重视。广州作为世界上少数千年城址没有变迁的大都会，其老城高复合性的功能需求引导传统空间向低效混合的高密度形态收敛，以此对绿地空间的服务效用产生挤出效应，亟须通过存量有机更新提升绿地空间系统的价值。《广州市总体城市设计（2017—2035）》将老城区定位为市域公共空间体系的核心区域，通过提升绿色基础设施品质激发老城活力的价值。《广州历史文化名城保护规划（2020—2035）通过构建两"带三廊、三道十区"的总体结构，保护传统街巷肌理、融入自然生态资源，提升老城文化魅力和

特色空间风貌的价值。《广州市卫生健康事业发展"十四五"规划》强调通过完善全民健康公共服务体系作为干预主要健康的因素，居民便捷、可达的社区绿地空间将有效实现公共健康提升价值。

"累计建成加氢站 50 座以上、满足 6 000 辆以上氢燃料电池车运行用氢需求……"是广州为氢能这种绿色清洁能布局的路线图；依托广州碳排放权交易中心，广州将开发林业碳汇产品，让树木森林变成"碳汇宝库"；探索建设粤港澳大湾区碳排放权交易所，积极参与全国碳排放权交易体系建设与国际碳交易业务……深入推动能源革命中，广州将稳步推进能耗"双控"向碳排放总量和强度"双控"转变，推行绿色低碳生产方式，推进工业、建筑、交通等领域清洁低碳转型，让绿色成为广州高质量发展的最美底色。

（二）都市圈同城化，推动广州高质量发展

广州都市圈的形成和发展是渐变的过程，经历了一个相对漫长的探索时期。2008 年，国务院正式批复的《珠江三角洲地区改革发展规划纲要（2008—2020 年）》，明确提出要"强化广州佛山同城效应，携领珠江三角洲地区打造布局合理、功能完善、联系紧密的城市群，推动珠三角地区实现一体化"。此后，广东在珠三角划定了三个经济圈，分别是珠三角中北部核心区的广州、佛山、肇庆"广佛肇"经济圈，珠江东岸的深圳、东莞、惠州"深莞惠"经济圈，珠江西岸的珠海、中山、江门"珠中江"经济圈。2020年，广东省公布了《广东省开发区总体发展规划（2020—2035 年）》，提出了广州都市圈的概念，包括广州、佛山、肇庆、清远、云浮和韶关 6 大城市。既有广州和佛山 2 个核心城市，也有北部山区城市清远、韶关和云浮，以及介于珠三角和北部生态区之间的肇庆，各城市资源禀赋和历史基础各有不同，发展程度差异较大。2021 年，广东省发布《广东省国民经济和社会发展第十四个五年规划和 2035 年远景目标纲要》，进一步明确广州都市圈主要包括广州、佛山全域和肇庆、清远、云浮、韶关四市的都市区部分（见表7－4），对广州都市圈的精准化和质量升级。

表7-4　　　　　　　　　　广州都市圈主要指标概况

城市	土地面积 （平方千米）	GDP （亿元）	人口 （万人）	城镇化率 （％）	人均可支配收入 （元）
广州	7 249.27	25 019.1	1 874.0	86.2	63 289.2
佛山	3 797.72	10 816.5	951.9	95.2	56 244.8
肇庆	14 891.23	2 311.6	411.7	51.0	27 496.2
清远	19 035.54	1 777.2	397.4	54.5	26 055.0
云浮	7 785.11	1 002.2	238.4	43.8	22 306.2
韶关	114 156.8	1 353.5	285.5	57.3	27 546.2

资料来源：唐波. 高质量发展理念下提升广州都市圈同城化水平探究［J］. 决策咨询，2022
（1）：52-57.

同城化是现代化都市圈建设的主要目标和方向。在高质量发展理念下，稳定发展是提升广州都市圈同城化水平的基础，优化发展是提升广州都市圈同城化的关键，开放发展是提升广州都市圈同城化的动力，共享发展是提升广州都市圈同城化的目标，创新发展是提升广州都市圈同城化的核心，绿色发展是提升广州都市圈同城化的趋势。

（三）城乡区域协调发展，城市能级持续跃升

考量高质量发展，破除"速度焦虑"迷思，广州将目光看得更加长远，更加注重质量、韧性与协调发展。作为一座向海而生、依港而兴的城市，广州自秦汉时期开始与海外开展频繁的通商活动，两千多年来经久不衰。城市的持久繁荣，离不开城市能级和核心竞争力的不断提升。而引领城乡区域协调发展，又是全力提升城市能级和核心竞争力的核心要义之一。

党的二十大报告强调，要提高城市规划、建设、治理水平，加快转变超大城市发展方式。为更好解决城乡区域发展不平衡不充分问题，广东省委提出实施"百县千镇万村高质量发展工程"。据2022年广州市统计局数据显示，广州作为一座实际管理服务人口数超过2 200万人、流动人口数超过1 000万人、地区生产总值突破2.5万亿元，始终坚持尊重城市发展规律，全面推动综合城市功能出新出彩，着力建设有温度、有气象、有格局的现代化城市。

优化城市空间布局是提升城市能级的重要路径。建城 2200 多年来，广州中心城区一直围绕"云山珠水"延伸发展，塑造了广州的城市基地和脉络。从 2000 年提出"南拓、北优、东进、西联"空间发展战略，到 2009 年开展新一轮城市战略规划编制，再到当前正抓紧编制面向 2049 年的城市发展战略规划，广州城市空间结构不断优化，城市功能不断增强，城市经济实力、综合竞争力、国际影响力也在显著提升。

枢纽是城市的血脉，是城市能级提升的重要砝码。广州着力建设全球领先的国际航空枢纽、国际航运枢纽、国际信息枢纽，加快建设白云国际机场三期扩建、南沙港区五期、南沙港区国际通用码头等项目，扎实推进国铁、城际、地铁、高快速路、综合交通枢纽等项目建设，海陆空各种交通方式联动融合发展格局已然形成。

城市越大，结构性治理的要求就越高。广州坚持以城中村综合治理改造为突破，全面改善提升城市面貌。同时，聚焦超大城市治理需求和重点领域、新兴领域立法，提高地方立法质效，扎实建设全国法治城市标杆。始终绷紧安全弦、织密安全网、拧紧安全阀，着力建设更高水平的平安广州。

（四）教育科技协同支撑，新动能新优势加速形成

教育、科技是全面建设社会主义现代化国家的基础性、战略性支撑。党的二十大在党和国家事业发展布局中突出教育、科技、人才支撑，发出了以更大力度建设创新型国家的强烈信号。广州正围绕强化教育、科技的基础性、战略性支撑作用，着力办好人民满意的教育，深入实施创新驱动发展战略，加快共建粤港澳大湾区高水平人才高地。

教育强则城市强。2022 年以来，广州深入实施"十四五"学前教育发展提升行动计划和中小学校基础设施建设三年行动计划，推动义务教育优质均衡发展、普通高中特色多样化发展，新增公办学位 14.5 万个、基础教育集团 27 个，公办和普惠性幼儿园在园幼儿占比提前实现国家"十四五"学前教育"5080"目标。不断深化高水平大学建设，支持中山大学、华南理工大学广州国际校区、香港科技大学（广州）等建设。持续巩固职业教育优

势，广州科教城首批 2 所职业院校入驻。

科技是国家强盛之基。广州作为国家中心城市、粤港澳大湾区核心城市，应在科技创新中作出贡献。近年来，广州聚焦建设具有全球影响力的科技创新强市，强化战略科技力量，广州实验室、粤港澳大湾区国家技术创新中心入轨，冷泉生态系统、人类细胞谱系两个国家级重大科技基础设施进入可行性研究阶段，"2 + 2 + N"科创平台体系建设全面提速，"自然指数—科研城市"排名居全球第十。

二、对北京的启示

（一）加强区域协同，释放科技创新潜力

2021 年，康奈尔大学、欧洲工商管理学院和世界知识产权组织发布的《全球创新指数 2021》显示，大湾区的深圳—香港—广州创新集群连续两年居全球第二，超过了北京和上海。北京就可以借鉴大湾区发展经验，在京津冀区域内统筹考虑国际科技创新中心建设，加快推动三地协同创新发展。具体措施为：一是发挥"两区"建设优势，打造京津冀产业合作新平台，支持建立"总部—生产基地""园区共建"等多元化产业对接合作模式。二是支持建设"津冀建设产业接续平台"，提高津冀未来承接北京产业能力，实现纵深布局和产业链、供应链安全。三是建设"京津冀产业协同创新共同体"，形成类似于大湾区"广深港澳科技创新走廊"和长三角"G60 科创走廊"的区域协同创新发展高地。

（二）绿色低碳，城市建设理念

北京可以向广州借鉴经验，积极打造低碳城市、低碳住房。具体措施包括：一是加强城市系统性建设。推动城市组团式发展，构建产城融合、职住平衡、高效有序、紧凑宜居的城市格局。通过积极推进绿色社区创建行动，将绿色发展理念贯穿社区规划建设管理全过程。二是推动住房建设低碳转

型。通过引领生产生活方式转型实现减碳排放，包括推广绿色设计、优化建筑结构体系，推广装配化装修，还可以对传统施工工艺进行绿色升级，全面推进绿色建造、减少建材浪费、降低建造能耗、提高建筑寿命。三是强化建筑节能。进一步发展绿色建筑，充分利用自然通风、天然采光。新开工建筑应按照绿色建筑标准建设，同时探索开展超低能耗、近零能耗建筑试点建设。

（三）因地制宜，推进城市更新

城市开发建设过程中，既需要有开膛破肚的改造，像外科手术一样，治愈一些顽疾，也需要小修小补的微更新，如同中医的针灸疗法，对城市进行疏通改善。广州将"微改造"和"全面改造"放在同等重要的位置，并明确城市更新资金将优先安排微改造项目，当历史文化街区和优秀历史文化建筑保护性整治改造项目不能实现经济平衡时，由城市更新资金进行补贴。

因此，北京在城市更新的路径和模式选择上，要改变过去"大拆大建"式的粗暴手段，采取"双修（生态修复和城市修补）"与"织补"相结合的城市更新策略，从关注物质空间改善转向社会价值、文化价值与经济价值等综合目标的实现。实践中，根据更新对象和发展目标的不同，可考虑将全市更新地区划分为成片转型、零星改造、风貌保护等类型，因地制宜、分级分类推进，同时强化市场资源配置，建立各方利益协调和共享机制，鼓励和引导社会力量共同参与。

（四）科学规划，利用疏解腾退空间

在高质量发展的背景下，城市更新将成为引领城市空间转型发展的重要路径。北京应充分借鉴广州、上海等城市经验，尽快建立符合市情的城市更新机制，形成从规划、法规到政策的完整城市更新体系和各部门有序分工、协调推进的工作格局，通过存量用地的更新利用来满足城市未来发展的空间需求，倒逼土地利用方式由外延粗放式扩张向内涵式效益提升转变，促进空间利用向集约紧凑、功能复合、低碳高效转变，不断提升城市品质和活力。

　　疏解腾退空间是北京城市更新过程中宝贵的发展资源，要规划和利用好，尤其要用在提升人民获得感的"刀刃"上。根据《北京城市总体规划（2016 年—2035 年）》，疏解腾退空间将用于保障中央政务功能、发展文化与科技创新功能、增加绿地和公共空间、补充公共服务设施、完善交通市政基础设施等。在具体落实中，要建立疏解腾退空间管理机制，着力健全规划、产权、监管等各方面制度，促进腾退空间资源优化配置。

参 考 文 献

［1］安淑新．促进经济高质量发展的路径研究：一个文献综述［J］．当代经济管理，2018（9）：11 –17．

［2］安树伟，孙文迁．北京的减量发展［J］．前线，2019（1）：68 –70．

［3］陈思，王梅．城市建设用地减量化研究综述［J］．中国国土资源经济，2022，35（1）：71 –78．

［4］陈炜．伦敦城市疏解经验及对广州的启示［J］．探求，2018（6）：37 –40．

［5］成金华，陈军，李悦．中国生态文明发展测度与分析［J］．数量经济技术经济研究，2013（7）：36 –50．

［6］程虹．如何衡量高质量发展［N］．第一财经日报，2018 –03 –14（A11）．

［7］储德银，费冒盛．财政纵向失衡、土地财政与经济高质量发展［J］．财经问题研究，2020（3）：75 –85．

［8］戴雄赐．紧凑城市理论与北京蔓延研究［D］．北京：清华大学，2016．

［9］邓慧慧．北京减量发展的四个着力点［J］．人民论坛，2018（24）：76 –77．

［10］杜栋，庞庆华，吴炎．现代综合评价方法与案例精选［M］．北京：清华大学出版社，2015（12）．

［11］龚新蜀，李丹怡，赵贤．新基建投资、产业融合能力与经济高质

量发展 [J]. 价格理论与实践：1 - 5.

[12] 官永彬，赵思涵. 高质量发展下长江经济带环境治理绩效的评价体系构建与测度研究 [J]. 重庆师范大学学报（社会科学版），2020（2）：59 - 71.

[13] 郭冬艳，王冬艳，钟骁勇，等. 京津冀高质量发展水平评价及障碍因子诊断 [J]. 统计与决策，2022（15）：122 - 126.

[14] 郭伟，闫绪娴，范玲. 中国省域经济高质量发展评估与驱动因素研究 [J]. 东岳论丛，2022（7）：155 - 164.

[15] 韩悦，张东敏. 吉林省高质量发展指标体系构建及应用 [J]. 经济研究导刊，2019（20）：27 - 28 +48.

[16] 何立峰. 深入贯彻新发展理念推动中国经济迈向高质量发展 [N]. 中国改革报，2018 - 03 - 26.

[17] 贺林波，李赛君. 如何提升地方政府产业扶贫的开发质量——基于社会资本的理论视角 [J]. 产业经济评论，2019，33（4）.

[18] 胡敏. 高质量发展要有高质量考评 [N]. 中国经济时报，2018 - 01 - 18（005）.

[19] 胡毅，孙东琪. 主动收缩：城市可持续发展的一种策略选择——北京城市减量发展的规划应对与转型困境 [J]. 北京规划建设，2019（3）：20 - 23.

[20] 黄顺春，曲景森，陈洪飞. 经济高质量发展失衡测度与类型划分 [J]. 统计与决策，2022（20）：83 - 88.

[21] 金碚. 关于"高质量发展"的经济学研究 [J]. 中国工业经济，2018（4）：5 - 18.

[22] 李博. 多指标综合评价方法应用中存在的问题与对策 [J]. 沈阳工程学院学报·社会科学版，2010（2）.

[23] 李华军. 经济高质量发展的协同体系及绩效评价 [J]. 会计之友，2021（15）：32 - 37.

[24] 李金昌，史龙梅，徐蔼婷. 高质量发展评价指标体系探讨 [J].

统计研究，2019（1）：4 – 14，10.

［25］李梦欣，任欣怡．中国省域经济增长质量的测度、评价及其路径设计［J］．统计与信息论坛，2020，35（4）：61 – 73.

［26］李松霞．新疆城市化发展质量时空分异规律研究［D］．石河子：石河子大学，2016.

［27］李伟．高质量发展有六大内涵［J］．中国总会计师，2018（2）：9.

［28］李伟．高质量发展有六大内涵［N］．人民日报（海外版），2018 – 01 – 22（003）.

［29］李晓钟．我国制造业高质量发展评价与区域差异比较研究［J］．社会科学家，2022（8）：17 – 25.

［30］李咏馨．高质量发展背景下湖北省经济发展绩效评价研究［J］．中南财经政法大学研究生学报，2019（6）：14 – 22.

［31］梁尚鹏．伦敦城市发展的经验及其对北京城市发展的启示［J］．经济与社会发展研究，2019（17）：213 – 215.

［32］林兆木．关于我国经济高质量发展的几点认识［N］．人民日报，2018 – 01 – 17（007）.

［33］凌晓红．紧凑城市：香港高密度城市空间发展策略解析［J］．规划师，2014，30（12）：100 – 105.

［34］刘尚希，樊轶侠．论高质量发展与税收制度的适应性改革［J］．税务研究，2019，412（5）.

［35］刘惟蓝．以高质量发展的指标体系引领开发区建设［N］．新华日报，2018 – 04 – 25（013）.

［36］刘彦华．共聚广州黄埔，共话高质量发展［J］．小康，2022（5）.

［37］刘振兴．天津商贸经济质量效益研究［J］．天津经济，2018（12）：12 – 20.

［38］刘志彪．高质量发展：结构性政策要发挥更大作用［J］．中国政协，2018（1）：38 – 39.

［39］刘志彪．理解高质量发展：基本特征、支撑要素与当前重点问题

［J］．学术月刊，2018，50（7）：39 – 45 + 59．

　　［40］鲁继通．我国高质量发展指标体系初探［J］．中国经贸导刊（中），2018（20）：4 – 7．

　　［41］陆小成．高质量发展的减量疏解与增量承接［J］．前线，2019（8）：58 – 60．

　　［42］马亚西．东京、巴黎打造城市副中心为北京建设世界城市提供的借鉴［J］．北京规划建设，2010（6）：46 – 47．

　　［43］任保平，李禹墨．新时代我国高质量发展评判体系的构建及其转型路径［J］．陕西师范大学学报（哲学社会科学版），2018，47（3）：42 – 51．

　　［44］任保平．中国经济高质量发展研究［J］．陕西师范大学学报（哲学社会科学版），2018，47（3）：104．

　　［45］任晓．高质量发展的内涵与路径［N］．温州日报，2018 – 02 – 26（006）．

　　［46］山村能郎．集约型城市构造［M］//曲德林，杨舰．能源与环境——中日能源政策的反思与展望．北京：清华大学出版社，2013：206 – 208．

　　［47］尚猛，高鉴伟，张雪倩，李辉．河南省地方经济高质量发展绩效评价指标模型构建及提升路径［J］．安阳工学院学报，2022，21（3）：64 – 71．

　　［48］师博，任保平．中国省际经济高质量发展的测度与分析［J］．经济问题，2018（4）：1 – 6．

　　［49］孙晓，刘旭升，李峰，等．中国不同规模城市可持续发展综合评价［J］．生态学报，2016（17）：5590 – 5600．

　　［50］孙晓飞．国际低碳城市发展研究——以纽约和伦敦为例［J］．应用能源技术，2019（9）：15 – 20．

　　［51］孙振球，王乐三．综合评价方法及其医学应用［M］．北京：人民卫生出版社，2014．

　　［52］唐晓彬，王亚男，唐孝文．中国省域经济高质量发展评价研究［J］．科研管理，2020，41（11）：44 – 55．

　　［53］唐鑫．从北京发展的阶段特征看减量发展［J］．前线，2018

（11）：85 – 87.

［54］田莉，桑劲，邓文静. 转型视角下的伦敦城市发展与城市规划［J］. 国际城市规划，2013，28（6）：13 – 18.

［55］王鹤鸣，岳强. 脱钩指数：资源消耗、废物排放与经济增长的定量表达［J］. 资源科学，2011（1）：2 – 9.

［56］王虹，王建强，赵涛. 我国经济发展与能源环境的脱钩复钩轨迹研究［J］. 统计与决策，2009（11）：113 – 115.

［57］王慧艳，李新运，徐银良. 科技创新驱动我国经济高质量发展绩效评价及影响因素研究［J］. 经济学家，2019（11）：64 – 74.

［58］王静，徐拓. 协调美观、健康舒适、以人为本——新加坡绿色建筑的立体绿化特色研读［J］. 建筑与文化，2019（5）：99 – 101.

［59］王如昀. 伦敦以交通引领城市发展理念与方法简介［J］. 北京规划建设，2020（3）：188 – 191.

［60］王文举，祝凌瑶. 北京经济高质量发展研究［J］. 北京工商大学学报（社会科学版），2021，36（3）：102 – 111.

［61］王旭霞，雷汉云，王珊珊. 环境规制、技术创新与绿色经济高质量发展［J］. 统计与决策，2022（15）：118 – 122.

［62］王一鸣. 改革开放新时代与推动经济高质量发展［N］. 学习时报，2018 – 11 – 16（003）.

［63］王一鸣. 实现高质量发展需要三个转型［N］. 经济日报，2018 – 03 – 18（005）.

［64］王永昌，尹江燕. 论经济高质量发展的基本内涵及趋向［J］. 浙江学刊，2019（1）：91 – 95.

［65］魏敏，李书昊. 新常态下中国经济增长质量的评价体系构建与测度［J］. 经济学家，2018（4）：19 – 26.

［66］温诺·托马斯等. 增长的质量［M］. 北京：中国财经出版社，2001.

［67］徐瑞慧. 高质量发展指标及其影响因素［J］. 金融发展研究，

2018（10）：36-45，10.

[68] 徐盈之，顾沛. 官员晋升激励、要素市场扭曲与经济高质量发展——基于长江经济带城市的实证研究 [J]. 山西财经大学学报，2020，42（1）：1-15.

[69] 薛义华，程天富，余熙明. 新加坡房地产市场的变革与创新 [M]. 北京：中信出版集团，2019.

[70] 杨建伟. 新加坡的经济转型与产业升级回顾 [J]. 城市观察，2011，11（1）：56-65.

[71] 杨进怀. 伦敦经验对北京的启示 [J]. 投资北京，2016（2）：22-25.

[72] 杨三省. 推动高质量发展的内涵和路径 [J]. 陕西日报，2018-05-23（11）.

[73] 杨伟民. 贯彻中央经济工作会议精神 推动高质量发展 [J]. 宏观经济管理，2018（2）：13-17.

[74] 叶堂林. 北京减量发展的几点思考 [J]. 人民论坛，2018（21）：90-91.

[75] 尹德挺，卢镱逢. 世界大城市人口发展的主要特点与借鉴——以对北京的借鉴为例 [J]. 治理现代化研究，2018（2）：74-82.

[76] 于长明，吴唯佳，于涛方. 特大城市地区土地利用形态——伦敦、巴黎、纽约、东京与北京比较 [J]. 北京规划建设，2012（5）：8-12.

[77] 湛东升. 北京城市居民职住分离特征与影响机制研究 [D]. 北京：首都师范大学，2013.

[78] 张军. 扩加快形成推动高质量发展的制度环境 [J]. 中国发展观察，2018（1）：5-8.

[79] 张涛. 高质量发展的理论阐释及测度方法研究 [J]. 数量经济技术经济研究，2020，37（5）：23-43.

[80] 张天洁，李泽. 高密度城市的多目标绿道网络——新加坡公园连接道系统 [J]. 城市规划，2013，37（5）：67-73.

［81］张侠，许启发. 新时代中国省域经济高质量发展测度分析［J］. 经济问题，2021（3）：16 – 25.

［82］赵昌文. 推动我国经济实现高质量发展［J］. 支部建设，2018（2）：17 – 19.

［83］赵弘，王德利. 北京减量发展与高质量发展的辩证法［J］. 前线，2020（7）：56 – 58.

［84］赵剑波，史丹，邓洲. 高质量发展的内涵研究［J］. 经济与管理研究，2019，40（11）：15 – 31.

［85］赵丽. 数字普惠金融、创新驱动与经济高质量发展［J］. 统计与决策，2022（15）：104 – 107.

［86］赵一平，孙启宏，段宁. 中国经济发展与能源消费响应关系研究——基于相对脱钩与"复钩"理论的实证研究［J］. 科研管理，2006，27（3）：128 – 133.

［87］朱启贵. 建立推动高质量发展的指标体系［N］. 文汇报，2018 – 02 – 06（012）.

［88］朱卫东，周菲，魏泊宁. 新时代中国高质量发展指标体系构建与测度［J］. 武汉金融，2019（12）：18 – 26.

［89］Acs, Z. J. , Szerb, L, and Lloyd, A. 2017. The global entrepreneurship and development index. In Global Entrepreneurship and Development Index 2017, Springer, Cham.

［90］Asteriou, D. and Spanos, K. 2018. The relationship between financial development and economic growth during the recent crisis：Evidence from the EU, Finance Research Letters, forthcoming.

［91］BARROR J. Quality and quantity of economic growth［R］. Central Bank of Chile, 2002：3 – 5.

［92］Friedrich Schmidt-Bleek, etc. , Umwelt Braucht Der Mensch? MIPS, Das Mass Fuer Oekologisches Wirtschaften［M］. Basel, Boston, Berlin：Birkhäuser Verlag AG, 1993.

［93］German Cubas, et al. Labor Quality and Economic Development, Review of Economic Dynamics (June17, 2015).

［94］Jan Kovanda, et al. What are the possibilities for graphical presentation of decoupling? An example of economy-wide material flow indicators in the Czech Republic. Ecological Indicators, 2007, 7 (1): 123–132.

［95］Laurie Kaye Nijaki, et al. Procurement for Sustainable Local Economic Development, International Journal of Public Sector Management, Vol. 25, No. 2 (February 2012).

［96］Martinez, M., & Mlachila, M.. The quality of the recent high-growth episode in Sub-Saharan Africa ［R］. IMF working paper, 2013, 13 (53): 3.

［97］Mlachila M., A Quality of Growth Index for Developing Countries: A Proposal. IMF Working Paper 2014/172.

［98］OECD. Towards Green Growth: Monitoring Progress OECD Indicators ［R］. OECD Publishing, 2011.

［99］Peng Cheng, Jia Xinyuan, Tang Ying. Does OFDI Promote High-Quality Development of Enterprises? Evidence from China ［J］. American Journal of Industrial and Business Management, 2022, 12 (2).

［100］Statistics Netherlands. Green Growth in the Netherlands 2015 ［R］. Statistics Netherlands, 2015.

［101］Tachibana J, et al., A method for regional-scale material flow and decoupling analysis: A demonstration case study of Aichi prefecture, Japan ［J］. Resources, Conservation and Recycling, 2008, 52 (12): 1382–1390.

［102］Weizsäcker, E., et al., Factor Four Doubling Wealth-Halving Resource Use ［M］. London: Earthscan, 1997.

［103］Zeng Shaolong, Shu Xianfan, Ye Wenxian. Total Factor Productivity and High-Quality Economic Development: A Theoretical and Empirical Analysis of the Yangtze River Economic Belt, China ［J］. International Journal of Environmental Research and Public Health, 2022, 19 (5).